邁向有生產力老化

The Society of Productive Aging
-Inclusion, Environment, Creativity

—包容、鋪陳、創造

周傳久 著

國家圖書館出版品預行編目（CIP）資料

邁向有生產力老化：包容、鋪陳、創造 / 周傳久著 .
-- 初版 . -- 高雄市：巨流圖書股份有限公司，
2025.07
面；　公分 -- (高齡化社會 AS；5)
ISBN 978-957-732-731-4 (平裝)
1.CST: 老人學　2.CST: 高齡化社會　3.CST: 老人養護　4.CST: 身心障礙者

544.8　　114001523

邁向有生產力老化 —— 包容、鋪陳、創造

高齡化社會 AS 05

作　　者　周傳久
發 行 人　楊曉華
編　　輯　林瑜璇
封面繪圖　周德苓
封面設計　莫浮設計
內文排版　魏暐臻
校　　對　林瑜璇、張馨方

出 版 者　巨流圖書股份有限公司
802019 高雄市苓雅區五福一路 57 號 2 樓之 2
電話：07-2265267
傳真：07-2233073
購書專線：07-2265267 轉 236
E-mail：order1@liwen.com.tw
LINE ID：@sxs1780d
線上購書：https://www.chuliu.com.tw/
臺北分公司　100003 臺北市中正區重慶南路一段 57 號 10 樓之 12
電話：02-29222396
傳真：02-29220464
法律顧問　林廷隆律師
電話：02-29658212

刷　　次　初版一刷．2025 年 7 月
定　　價　650 元
I S B N　978-957-732-731-4（平裝）

CHULIU PUBLISHER

邱青莢（和鄰長照創辦人）

翻了這本書，愈翻愈興奮，翻閱中，邊在找未來有興趣的夥伴一起共讀了！了不起的周老師，三大章，從別人的觀念形塑，到平臺建置，再到服務落地在不同國家裡，清楚地整理他在國外所見所學。

我們常出國參訪和學習，想想，還蠻片段、時間集中的與同好共學，但有多少時間好好整理呢？這本書分段落章節的把政策氛圍、產業缺乏的平臺建構環節，以及如何經營落地進行整理撰寫。我告訴自己，若不好好與夥伴結構式的共讀和討論，枉費這輩子投入在這領域，想做出台灣自己以後也會喜歡的長照環境和氛圍！

張立（聯合線上內容長）

這個世界充滿著不安定因素，但是人類壽命卻在不斷延長，周傳久老師這本新作，對年長者及體弱者的生活，提供了前瞻的角度，許多歐洲國家已有的做法，頗值得臺灣這個高齡化社會借鏡。

做為新聞工作者，我們關注長照、老老照護等議題，也常有社會新聞是因為高齡照護不善或因經濟問題造成的悲劇，這本書裡頭有段話，講述到挪威一個機構的對長者的態度：「我們相信您過去在職場已經對社會有貢獻。但因工作特性，還有很多先前職場難以施展的潛力，現在是發揮的時候了」！翻轉對長者的成見，我們新聞工作者也需要繼續努力。

林依瑩（伯拉罕共生照顧勞動合作社理事主席）

二〇〇七年推動不老騎士，至今似乎大家還是津津樂道！當時我聽著八十七歲賴清炎團長希望可以帶老人環島一圈，讓各界看見老人不是沒有用！賴團長人高馬大，是日據時代的警察大人，退休後是台中四張犁老人會長，終其一生都為民服務，我被他感動，進而開創不老騎士，但其實我那一年心中並無大道理。但細細讀了傳久這本書，看見挪威的積極性的支持，相信且看見失智症的真實能力，更開辦了挪威「失智者繼續教育學校」，而不是只有失智村！這股「相信失能者」的力量，如何在臺灣紮根，成為主流，讓現在、未來失能的我們仍享有學習、工作、社交、圓夢的能力及豐富生活，應是臺灣超高齡社會最大的祝福！

陳政智（高雄醫學大學醫社系教授）

我很榮幸能為這本書寫下推薦序。身為一位在醫學大學社工系任教的老師，長年投入長照、身心障礙與身障老化等服務領域，對書中分享的觀念與實務內容感受特別深刻。書裡強調「以包容的態度、營造友善的環境，發掘每個人的潛能，讓每個人在生命歷程中持續發揮所長」，這樣的核心理念，正與我一直以來的實務信念不謀而合。

書中收錄了豐富的案例與實務策略，對長照機構而言，無疑是一盞照亮前路的明燈。實務工作者都知道，「照顧」不只是維持基本生活，而是一個尊重個人、激發潛力、連結社會的重要過程。本書透過細膩的例子與深刻的反思，帶來很多實質的啟發。

這本書不只是一本值得細讀的著作，也是一個實作的參考藍本。無論是在設計創新服務、進行員工培訓，或是推動跨專業合作，都非常值得借鏡。我也建議讀者能結合自身的工作情境，把書中的經驗轉化為本土脈絡下可行的行動方案，相信一定能為我們的照顧現場注入更多創新，讓「每個人都能活出有貢獻的人生」不只是理想，而是可以一起實現的目標。

陳智偉（衛生福利部彰化老人養護中心主任）

同仁曾經私下向我反映，上傳久老師的課讓人壓力不小，因為老師總是鼓勵思考，卻鮮少給出標準答案。這樣的學習方式，對習慣按部就班的照顧現場來說，確實不容易。但我反覆思索後，仍選擇持續邀請傳久老師，正如這本書呈現的北歐創新服務模式一樣，我相信唯有透過自學、討論與反思，我們才能培養更開放的態度與更敏銳的覺察力。

在住宿型機構的照顧現場，我深知硬體條件或許無法立刻改變，但同仁的能力可以持續被開發。我們從日常生活照顧中學習，從彼此的對話中成長，進而轉化成以人為本的服務設計。這本書帶來的北歐經驗，不只提供實踐的方向，也為我和團隊注入持續前行的動力——為了讓機構成為長輩「第二個家」，一個有尊嚴、有幸福感的所在。

高寬旭（社團法人屏東縣社會工作師公會理事長、聖佳照顧關懷協會創辦人）

協會從事社區照顧超過十年，從屏東的第一家社區型日照中心開始到培訓出提供十二個鄉鎮的居家服務團隊，長照所需要的同理心不會平白出現，其價值也不會是用模仿的方式就可以複製訓練的出來，照顧是先營造長輩信任的環境，鼓勵他們有機會去把困難說出來，也往往因此宣洩了焦慮，才開啟我們的支持與連結。

協會的教室門上寫著：我們在這裡共同創造知識！鼓舞了每位參加者發言的勇氣，長照是未來式，再多的指引都不該被當作追求的標準。

本書帶來了許多鋪陳友善環境的寶貴經驗，傳達「一起進步」是快樂的，這些服務創造的故事，啟發了不一樣的思維，就例如夥伴過去一直互相提醒要成為有溫度的居服員，甚至印在制服上，直到有人說，溫度其實是一種包容，更貼切的指引我們去學習或創造包容的能力。

過去，我們運用照顧咖啡館培訓個管師和社區鄰舍對話，但咖啡館的時光終究是不足以讓家庭照顧者有更多的時間喘息，最近，我們試著走進住宿型機構，從改善社區長輩在機構短住喘息適應不同鄰舍的生活挑戰，也進而去瞭解來自異國的照顧團隊，去看見自己有我們需要的價值。

夥伴發揮創意燒腦是過癮的，提醒每位夥伴參加的態度，其實就是包容。面對照顧的挑戰，引導取代糾正，是啊~我們一直用糾正的角度去看待員工的訓練，究竟他們挑戰的是我們的標準，還是他們的個案需求。

甫成立日照不久，曾邀請老師來帶領大家腦力激盪價值學習，一直沒有很好的方法去延續當時安全的環境，老師的新書給了很好的方法步驟。

張菁倫（第一社會福利基金會執行長）

第一基金會自民國六十九年成立以來，至今已邁入第四十五個年頭，始終以服務心智障礙者為核心使命，涵蓋早期療育、成人服務、身心障礙就業與輔具支持等領域。近年來，隨著心智障礙者及其家長共同面臨「雙老化」的挑戰，以及台灣邁入超高齡社會，我們持續關注北歐及其他歐美國家在長期照顧服務方面的最新發展，期望藉由學習國際經驗來提升本會服務品質。

因此，我們特別邀請周老師蒞臨基金會，分享先進國家的長照服務現況，出乎意料的是，周老師不僅深入介紹長照策略，更廣泛觸及身心障礙照顧與支持服務的核心理念與實務經驗，讓我們深感與老師結緣得太晚，實在可惜。

有幸受邀閱讀周老師新書，更深受感動。儘管身心照顧領域長期面臨經費壓力，書中所傳達的專業價值卻令人振奮——透過多元、有趣、溫暖且具積極支持性的策略，不僅促進身心障礙者的社交互動與自主生活，也透過設計多元作業活動，強化其成就感、自信與生命活力，書中每一章節皆蘊含不同的理念與洞見，卻始終貫穿著「營造尊重人權的共融社會」的核心價值！誠摯推薦本書給身心障礙者的家人、專業工作者，以及所有對身心障礙照顧議題有興趣的朋友。

盧秀卿（力麗社會福利慈善事業基金會執行長）

臺灣正邁向超高齡社會，傳久老師歷時多年走訪北歐高齡服務典範，有如一道道曙光，啟迪人心，指引前路。

北歐植基於「以人為本」的精神與態度，看見社會的各種需求，看見人，不分尊卑，以平等、人飢己飢、對他人之苦有責之心，去化照顧者、被照顧者之主、客體位置，以個別取向、增能、個人能力最大化、看見自己的價值、自主創新與積極性支持模式，創造使用者參與的機會，選擇自己想要的、有意義的生活，追求自我實現成為更好的自己。

臺灣的長照3.0即將啟動，正是翻轉照顧思維的契機！對服務使用者而言，什麼是有意義的？期待在家老化，面對不同老退病程階段需要怎樣的應對？在以人為本的價值基礎上，失能與失智者的終身學習又該如何被看見與重視？學習或訓練蘊含著個體的自我發展、對自身生活品質的主動追求，照顧則呈現了需要照料或保護的被動性，甚至是失去自主決定權的被剝奪感。將失能與失智者從病人、治療和照顧轉為學習、創造和共同支持，支持積極復能以鼓勵獨立自主最大化及社會參與。北歐經驗讓我們看到了機會與挑戰，提示了我們更謙卑的反思自身的價值選擇與服務提供模式，跟著傳久老師一同邁向有生產力老化的旅程，從我做起，改變與創造新的可能。

PREFACE
作者序

本書書名「有生產力」，讀者想像不一。也許是賺很多錢，也可能是貢獻社會。筆者原始立意是豐富彼此生命的生活風格，而且有些表面看弱勢者，在更深入認識與創造條件下，一樣能服侍別人，甚至比許多人做得更實在。

坊間常見一種看法，認為很多照顧服務品質是錢堆出來。無疑的，我們都要與學做資源的好管家讓收支穩定。但讀本書可發現，未必什麼都靠錢而已。大家不妨一起思考，到底哪些服務品質與經費、人力、時間沒有必然關係？而是理念、態度與知識使然。

其次，從視而不見服務使用者的難處與需要，到因為充實知識和生命改變，覺察為保護服務使用者自尊與人權，追求美好生活。也常有人說很難，或等長官決定，等有計畫經費。但不妨想一想，當我們明明有機會採取行動時我們動手否？

當人因為衰弱或先天有些心智不足，我們如何看待他們？如何充實新知識幫助他們？「以往不都是這樣，該綁的就綁，免得家屬囉嗦」。這真的是專業嗎？

本書許多實例讓人羡慕，不希望讀者看得更多覺得越多無力、永遠追不上。也不宜輕易就認為「那些沒什麼了不起，我們都有」。

每個社會有不同條件，但可以有自己的目標。但不要剝奪人權，為弱者伸張正義，尤其被忽視的人，應沒有太大疑問是普世價值。

我們為所擁有和所經驗的感謝上帝，也由衷希望欣賞彼此共同努力，為更多身心辛苦的人帶來盼望。

書中許多故事也是從無到有，實實在在不是錢就能堆出來，而是人有共同理解，願意合作行動產生。能往前走，走得豐富燦爛溫馨，實根基深厚於所選擇的人文思想基礎與以人為本專業價值。這裡的人同時包含服務使用者與提供者和所有服務關係人！

以下引用《聖經》哥林多前書十二章23～24節：「身上肢體，我們看為不體面的，越發給他加上體面；不俊美的，越發得著俊美。我們俊美的肢體，自然用不著裝飾；但神配搭這身子，把加倍的體面給那有欠缺的肢體」。帶著這句話，從第一篇開始看，祝大家每一篇都看到生命之美的精髓從何而來。

1 包容（態度）

1.1 愛鄰舍——溯源近代醫療、長照服務價值 …… 002
1.2 挪威新眼光接待人——「積極性支持」 …… 019
1.3 丹麥伸張失智者權益——國家失智知識中心 …… 040
1.4 丹麥塑造慈悲關懷文化——特殊機構（上） …… 059
1.5 丹麥塑造慈悲關懷文化——特殊機構（下） …… 073
1.6 丹麥心智障礙成人運動學校 …… 083
1.7 勿忘他們——視覺障礙者體測與延緩失能 …… 103

2 鋪陳（平臺）

2.1 芬蘭中高齡就業體能測試 …… 118

2.2 挪威延長就業壽命知識中心 …… 128
2.3 挪威退休準備「工作後」課程 …… 145
2.4 挪威失智者繼續教育學校 …… 166
2.5 丹麥慢性病自主管理策略 …… 194
2.6 丹麥支持在家老化——輔具服務 …… 206
2.7 丹麥支持在家老化——輔具研發 …… 216

3 創造（服務）

3.1 荷蘭心智障礙者就業 …… 236
3.2 荷蘭伊索姆綠色照顧農場 …… 259
3.3 丹麥「高興基金會」——心智障礙者貢獻社會 …… 279

3.4 從歐洲看推廣中高齡男性長者活動 296
3.5 丹麥木匠利他創新 308
3.6 挪威老人自營據點營運 315
3.7 挪威社福商店兼具健腦社交功能 332
3.8 挪威心智障礙者表達意願軟體 346
3.9 漢娜的分享與提醒 354
3.10 芬蘭視障者樂在工作多樣化 357
3.11 芬蘭遠距居家照顧 376

1

包容（態度）

1.1 愛鄰舍 —— 溯源近代醫療、長照服務價值

1.2 挪威新眼光接待人 ——「積極性支持」

1.3 丹麥伸張失智者權益 —— 國家失智知識中心

1.4 丹麥塑造慈悲關懷文化 —— 特殊機構（上）

1.5 丹麥塑造慈悲關懷文化 —— 特殊機構（下）

1.6 丹麥心智障成人運動學校

1.7 勿忘他們 —— 視覺障礙者體測與延緩失能

1.1 愛鄰舍——溯源近代醫療、長照服務價值

引言

關於價值學習可以設計更有思考參與感的反思，例如以下是一位丹麥牧師知道筆者在學習服侍善工，分享對撒馬利亞人故事的省思。同時更明白這三十年來筆者在歐洲之旅得到無數人幫助是如何而來。

「人是按著上帝形象造的」。這個標準很高很高，但我們要知道人不能成為上帝，而是在我們一生中盡可能追尋比我們以前更像上帝。

若把上帝拿掉，而把某些社會中的好行為當成理想標準去追求完全做到，來壯大自己，看來標準比追求像上帝還要低。可是陷入這種追求會發現永遠做不到，也不認識上帝，不瞭解我們的有限，最終成為自己內心的壓力與衝突，因為一直去追求其實做不到的。

我們有時在各種場合創造競爭，但我們不能與上帝競爭，不要陷入各種競爭，老是

不斷追求做不到的（像美國足球教練到丹麥，告訴丹麥學生還不夠好、還不夠好，我們可以更完美……）。這是試探！造成頭痛。在基督裡很好的，是做基督徒可以請上帝赦免，不斷重整（restart）前進。

過去是過去，不要拿過去比較或社會設定的標準陷入試探而得不到救贖，使我們大大小小壞行為的控告成為重擔。臺灣、日本都在要更超越別人的理念中長大，臺灣想超越中國，而日本想超越歐洲。

在撒馬利亞人故事中，耶穌和律法師談的不是競爭去超過別人，倒是覺得自己已經夠好了，還要做什麼呢？

故事的本意不是要人再更努力奮鬥，而是用行為去做點事。愛鄰舍但行動對象不一定是鄰舍，也包含你從未遇見的人，例如在路上遇見受傷的人，不是住在你家隔壁的鄰居，而是身旁的另一個人（丹麥《聖經》用的是Næste，英語的next）。你接下來會遇見的稱為Næste，例如你不會遇見在印度的人，則他沒有機會成為你的Næste，但你理當照顧你真實會遇見的。

在人生的路上，不需要是很大的事，例如與人同在和陪伴，做撒馬利亞人不一定需要錢，需要的是你「看到」這個人。當你每天行動而身邊遇見人，你可能不認識他們，但這當下，他就是你的 Næste。如丹麥《護理倫理》作者 Knud Ejler Christian Løgstrup 指出，當你遇見人，這人就在你的手裡，你可以捧著他，也可以把他扔掉。但上帝的意思是我們要捧著他人的生命，直到我們離開他。

應用到照顧老人和失智者，也是 Næste。他們的生命也在我們手中，我們可能選擇把他扔了，有些情形我們為了自己的利益，在專

★ 牧師認為「愛鄰舍」，指身邊所有人。

業領域服務時，做得很表面還覺得這樣是愛鄰如己。當我們心態正確時，我們與他講話，是以行動表達願意捧著他的生命。

耶穌在撒馬利亞人故事說明照顧人還付錢送到旅館，耶穌用了很極端的個案案例。人受傷站不起來了，指出人對傷者做了什麼和沒做什麼。第一位與第二位沒做什麼，為什麼？因為去救，會想到那躺在地上的，萬一已經快死或死了，依照法律，接觸他就不能去殿中做他的工作。耶穌告訴律法師，他們過度重視去聖殿中工作而勝過或優先於輕忽拯救生命。

故事最後，耶穌翻轉思考立場與角度，耶穌問律法師：「對這躺在地上起不來的人來說，誰是他的鄰舍（Næste）」？因為律法師先前問：「我做什麼才能遵守律法」？耶穌說：「愛神、愛鄰舍（Næste），我們理當愛鄰舍」。但耶穌放寬視野認為，這不只你同族的人和你教會的人，包含所有你日常路上遇見的，生命旅途上任何遇見的人（Næste），出現在你生命旅途而你看見的人，就算五分鐘也是。

在當時以色列律法所說的 Næste，不包含陌生人，尤其是敵人，我不需要愛他。耶穌的觀點是這陌生人（撒馬利亞人）愛猶太人，而且用行動表達愛。

我們常在這故事想到撒馬利亞人照顧了鄰舍，聽了這故事會說我們要學這撒馬利亞人。這是我們在學校學的，必須要如撒馬利亞人、要做好事、要為人預備下一步、要做好基督徒該做的各種事。

但是耶穌問的是反過來的，誰是躺在地上的人的 Næste？是故事中的第一位祭司嗎？他跑了，因為祭司看躺著的是陌生人。耶穌並非討論誰在行動來當成焦點，而是從躺著不能動快死的人的觀點來問。

通常幫助人的是主體，但耶穌把活躍幫助人的變受體，而被幫助、比較被動的是主體。幫助我的是我的 Næste，是從這倒在地上束手無策的人的角度看！

有一天我也可能是躺在地上束手無策的人，有人從我旁邊過來成為我的 Næste，我遇見我的 Næste。若他看見我而來幫，則他成為我的 Næste。

耶穌不希望拚命做好事的人，相信自己是好人。每位基督徒都該像護理師一樣做好事，但不是因做這些好事而得拯救。

有一天可能我不能再做什麼，但另一位來到我身邊的可能成為我的 Næste。有天我會回到耶穌的天家，**就是我也可能躺著成爲那位遇見我的人的 Næste**。

耶穌提出與問者相反的角度來思考。一般人看這個故事就是我們要學撒馬利亞人，出門去做好事，但耶穌說去做在那不能為別人做什麼的人，接受別人的好行為也和做好行為一樣重要。

有些人不能接受別人的照顧，他們接受別人照顧，他們就「分解」了，失去自我價值與存在感。但整個人生也是大的接受。所以如果你只是把自己的價值建立在我可以做些事，這樣就忽略了生命的某些意義。我覺得我可以用手做事，我可以……，其實所有包含我接受到別人幫助和我助人，能做的都是禮物。

★ 培養年輕人從《聖經》學利他生活。牧師在瑞典於堅信營課程用衛生紙捲標示回顧教會服務歷史。

很多人願意走遍世界一直做好事，但不要認為你只有做這些來確認自己活得成功。萬一有一天你不能做什麼你就失敗嗎？有些人覺得自己不能做什麼就認為自己失敗的，這稱為「南丁格爾症候群」。

有些人做好事會展示給人看他多棒。但我們得救不在自己的這些好行為，而是被耶穌拯救。有人會五樣工作覺得自己就會五樣，很少！其實他不只會五樣，態度上總覺得自卑！

要知道我們本來就是有限的，只要我們服侍神，我們就記得自己是有限的，我們做我們能做的，做得不好仍是門徒。我們的行為沒什麼，我們與耶穌的關係才是一切。有些人，例如護理師常常在幫助人，這無疑是好行為，但是這些常常幫助人的，也可能有一天有軟弱，而那些被幫助的也可能好起來幫助人。

在非洲也有些族群重視做好事成為好族民，但做的對象不包含外人。耶穌認為所有人都是你一族的，每個人都是你的Næste。

人若把自己的價值建立在靠自己賺很多、做很多而肯定自己，這是災難。貧富差距也這樣來，這樣拚命並未增加整個國家社會的價值！就像啟蒙時期宗教人士有權也很富有，但社會貧困，這也是改教的背景。我們可以重新省思好行為、好人、我們的價值，以及每天在各種場合，誰是我的 Næste？我是誰的 Næste？

愛鄰舍 —— 醫院警衛颱風夜

颱風天傍晚在埔里基督教醫院急診室外面看到保全人員默默清理急診室四周排水溝。其實他做多少，有去做這事否？沒人看到，但卻可以保護急診院區不致於四周淹水而從多個門縫一起滲入。

《聖經》說：「做在最小弟兄就是做在主耶穌身上」。這句話很多人朗朗上口，重點是看到做在人身上，而且可能是被忽略但有需要的人。

這保全人員撿堵塞排水溝樹葉，表面看不是直接照顧服務人的行動，可是可以影響急診室裡正常運作。想想看，急診室滲水到地板的各種後果：醫護摔跤、病人感控……，所以這保全人員的確貢獻很大，顯然與裡面醫護一樣重要。

在挪威基督教醫院，每次邀請員工推演核心價值如何落實展現於每日服務，以嘉惠客戶，總是連廚房人員、駕駛、警衛，還有會計一起參加，看來有道理。因為每位員工的角色都有一樣的價值觀，也感覺自己在上帝面前的地位和醫師一樣高級、尊貴，員工就會在很多小事盡心，無論別人看到沒有，還是有沒有貢獻是院方要的 KPI。

《聖經》又說「愛鄰舍」，其實「鄰舍」不只住宅隔壁的鄰居，而是「身邊的人」。丹麥語意思是 Næste，就是身旁的各種人，看見人的需要。

這保全人員展現愛鄰舍，雖不是直接送伙食、飲料或敷傷口與安慰人的禱告，可是他來回細心地清理排水溝樹葉

★ 實踐愛鄰舍不見得只有看到身邊的人而幫助這一種，還有別的。例如沒有人注意的時候，願意為預防淹水危及急診室許多人而清理堵塞樹葉。

預防堵塞，也是愛急診室裡所有的「鄰舍」。因為他一直努力，願意做這種「無聊」不很「亮點」、「吸睛」的事，所以裡面的醫護與病人家屬才能正常的互動，他們甚至不知道是因為外面有人一直努力排除執行照顧的風險與障礙。這警衛大概不會得到什麼獎，卻非常值得尊敬。

挪威Diakonhjemmet醫院找學術單位專門收集醫院裡實際存在，但很少被提出彰顯的服務，藉此來分析誰貫徹了醫院的核心價值，以做為員工和新進員工動腦參考，一起追求在不同處遇，如何共同創造更有品質的服務風格。這位保全人員的故事正符合這種研究想「掀開」的素材，所以筆者在此呈現。大家可以一起練習，這個故事顯現哪些概念？例如「盡心盡力」、「專業」、「同理」，還是「細心」或「歸屬」或別的？然後我們可以進一步省思，在我們的服侍工作、社區照顧、加護病房、總務、檢驗、護理之家的服務，如何應用我們自己（而不是主管上而下）理出的創新行動。這些行動出自願意，未必更累、更囉嗦，更有可能預防降低錯誤和衝突，甚至節約很多看不見的成本！

為這保全人員鼓掌，也感謝他是榜樣，社會不正需要這樣的人？醫院不正期待更多這樣的人？學校不更應重視這樣的榜樣，來鼓勵未來可能走進醫療服務的學生？

有興趣進一步瞭解這種醫療服務照顧組織，如何設定、落實價值管理以創新改善服務品質者，請參閱作者第六本書《以人為本！長照各國服務——價值、育才、營運》。

挪威醫療體制外心衛預防中心

很多年前在丹麥，牧師 Peter Buch 就對筆者說過，不能忍受一個社區裡，有人快樂，有些人在痛苦。因為按著《聖經》所說，我們四周的人是鄰舍，幫助他們免於痛苦有一份責任！要保護他們，維護正義，有憐憫心。在挪威也遇見這種理念實例。

史塔萬格市有棟一八六〇年建造的房子，原是當地教區領袖宿舍，也提供一些堅信營等家庭活動與會議使用。四周有大片草地，隔開吵雜公路，室內很適合靜下來談話。

近年教區領袖認為不需要用這麼大的房子，基於教會理念「服務是回應社會需要，尤其是被制度或社會忽略的人」，所以發展成難民與其他心裡困苦、焦慮、傷痛、失落者的輔導中心。[1]

挪威西部港都史塔萬格，不斷有人創造新的照顧服務，已不是新聞。兩百年來，這裡是培養海外醫療服務人才的重鎮，包含屏東基督教醫院在內，他們與當地人一起發動當時缺乏的照顧服務。

很多人以為這裡有錢有閒才能支援別人，其實並非如此，有石油是戰後的事。主要動機在基督教信仰的教導，因自己曾貧困，感同身受，願意幫助痛苦的人，維護他們的尊嚴。

小兒精神科醫師漢娜引領筆者來訪，這個輔導中心成立背景是烏克蘭戰爭後有些烏克蘭人逃亡來此，被挪威接待。剛脫離戰區時最大的感受是暫時安全了，喘了

1 https://bispehagen.no/

★ 主教宿舍改為難民關顧空間。

口氣，感覺放鬆一下，逐漸安定下來後，開始一連串心理困惑和生活壓力。旅客看到的挪威，是美麗友善的，但逃亡來此又不知道要住多久的人，感受容易是疏離的，因為不認識這個環境，原來在自己國家時的身分、社會連結與角色位置消失了。

他們要學挪威語、找工作，一開始只能講幾句簡單的挪威語，尤其一些年紀稍大的學得較慢，有病就算到醫院也無法清楚快速表達，非常挫折。更重要的是許多人不知道什麼時候才能回國，父母還在戰場，兄弟在當兵，每天新聞又報導打起來，一想到心裡就亂，無論醒著、睡著，想要不去想很困難。套一句芬蘭來臺服務的護理師馬立娜在幫助許多弱勢新移民妻子時，曾用臺語分享的：「我和他們都是出外人，這樣較瞭解他們的心情」。可是，當地派到國外服務的出外人都在國外，流亡的烏克蘭人在史塔萬格又有誰能理解呢？

自己到底是誰？為什麼在這裡？存在的意義是什麼？也許從陪伴、傾聽和信仰提供支持和更多生活想法選擇。先前同一地點已經開闢「烏克蘭咖啡」，讓來此流亡者有個安全、被接納的公共場所交流減壓，多一點歸屬安定感。[2]後來，又有為烏克蘭人與挪威本地人，遇見家人猝死消息而自己倖免者，提供諮商輔導。

漢娜表示，許多人處於可能轉向更嚴重病情，而透過照顧可能及時走回健康的轉折點。輔導人員設法進入他們的內心世界，引導他們看見希望，而不一直陷於迷惑。因為找到生活的意義，學習適應接受別人幫助支持，才能進一步面對多樣困難。

有些難處比較複雜，也有些其實不複雜，可是需要適合的對話和陪伴。若缺乏幫助的後果就難說了，不但有輕度憂鬱而且還有機會產生其他身心疾病，對流亡的烏克蘭人和當地民眾都不好。

但他們不熟悉當地的醫療系統，也不一定覺得自己有問題或願意去醫院。大家從戰場來充滿不確定感，不知道去醫院會怎麼樣？有的即使去了家庭醫師診所，因為心裡太難過，只是靜靜地坐在那裡沉默。而家庭醫師可能說：「你病得不夠嚴重，或沒什麼病」。漢娜提醒，這可能造成病人更多無助感而走向更糟的處境。

因為人心裡的感受，需要別人有分享其感受的能力，這人的難處才能被理解。不是

2 https://bispehagen.no/ukrainsk-kafe-2/

光從生理數據能完全看出，這需要很大的同理心和花時間才能進入他們的世界。或許診所或現有醫療體系，有些時候難以涵蓋到人的真正需要。

於是幾位輔導相關領域人員相互邀請，成立這個不在醫院，也不在醫療體制內，有更多時間和安全、放鬆的環境可以訴說自己難處的服務。不但學習別人，也學習與自己建立好的關係，接納自己與現狀，然後學習建設性思維面對未來挑戰。

漢娜有精神科醫療專業，結合對教育輔導很有經驗的前小學校長馬根，還有曾在挪威國際知名精神相關疾病、性侵、創傷、戒癮治療中心Modum bad[3]的心理師

★ 因戰亂來到挪威的感受常不是富足，而是許多離家的身心挑戰。

杜憶思妥，以及其他想幫助人的成員組成團隊。提早在社區做家庭治療幫助人，並篩選出較有風險需要就醫的人，進而建議轉給醫院，達到社區預防目的。

這裡創造環境與機會，鼓勵人把心裡很敏感的難處講出來，透過輔導者擅長的對話，用尊重、對待成人的態度，讓難民表達自己的期望與想法，弄清楚到底什麼是最在意的，然後聚焦面對，不要一直壓抑在心裡。

要達到這種目的，前校長馬根說：「輔導者秉持無成見看人很重要」。在挪威好幾個護理之家的核心價值提到「怎麼看『人』」，「看住民而認定他們都是單一獨特的，無論年齡、疾病與其他條件」，服務提供者必須時時提醒自己。以往遇見這類照顧挑戰，往往將他暫時隔離獨處等他靜下來，現在則不創造非自願孤獨，這不是那人需要的（像小孩吵鬧就處罰隔離），而是在他旁邊陪他，用眼與心陪他，創造安全感，等他緩和一點，找機會問他：「有什麼我們可以協助你」？這才可能回應那人需要的並改善問題。

漢娜進一步補充，就像一位住民有造成照顧挑戰的行為，會設法瞭解什麼時候？多

3 https://www.modum-bad.no/english/

頻繁？從中探索什麼原因（可能表達有壓力）造成，進而找出能與這人溝通的語言與之互動。想想看，用罵的、威脅的、處罰的、隔離的，能解決什麼問題？即使我們有很好的學歷、身分或覺得自己很懂，「往往是我們照顧提供者的問題，我們不懂如何與他們溝通。而不是認為他們沒有瞭解的能力，所以難溝通」！

就像這些服務理念，無論面對心智障礙者或正處於高壓的難民，我們要發現他們能駕馭哪些事情？哪些需要幫助？而不是一直認為他們什麼都不會，要創造機會或換方式讓他們發揮能力往前走。

即使晚近坊間許多專業人士提倡用人工智慧、機器人協助面對難照顧、難幫助的人。有個風險是求效率、求快，但求助的人的心和壓力有多被瞭解？科技不能代替溫暖的手！寂寞、失智、帕金森、工作過度而快崩潰的人、難民等各種受苦者，都有相似的情形。他們需要的不只是診斷再診斷，而是如何面對生活！教導（倡議想法）他們從降低痛苦轉向更安適生活處境，重新建造確認自己的價值。

漢娜希望這個中心最終能讓民眾站起來，並且支持那些與他們有相似處境的人。尤其是一些低教育程度或比較封閉的團體，未必所有有困難的人都要來找專家。精神照顧專家的責任是常常守望這些預防體系走得合適否？讓更多人及早得到幫助，善用有限醫療資源，也透過得幫助的人再去幫助別人，創造衛教預防資源。

陪伴不是我預備活動去陪人玩，而是我花時間陪對方，聽對方表達他覺得想講和他覺得需要幫助的事。

1.2 挪威新眼光接待人——「積極性支持」

引言

挪威有個接待多樣身心障難照顧住民的機構，[4] 包含智能障礙、精神病、酒癮、毒癮、失智者。住民即使可能同一人，天天還有不一樣的照顧挑戰，所以整個機構要面對的複雜度很廣。主管 Ingunn 盡量接觸住民與服務提供者，更多住民

4 https://stendi.no/

被瞭解，減少焦慮遊走。更重要的，增加生活品質，例如先前躁動者可以前所未有地持續閱讀報紙四十五分鐘，而且更快樂！因而減少對照顧構成挑戰的行為。同時降低暴力強制方式因應，透過分享態度、價值和尊重人權，服務提供者有成就感，減少病假。

原因是全面使用積極性照顧和正向行為引導。服務提供者的心得是要給住民足夠的時間與空間，別一直嘮叨。服務提供者要有開放態度和覺察敏感度，因為服務提供者面對問題，腦中有上百種疑惑臆測，需要從每天例行生活中抽絲剝繭。我們要幫助住民能掌握生活，而且跳脫框架思考，從支持正向行為的觀點找機會。

Ingunn 因而被尊稱積極性支持大使。

這種理念不是全新的，但經過 VID 大學教授 Berge 不斷開發有成。他研究用人性而非暴力與藥物方式支持身心障者生活，用相似理念幫助許多有學習挑戰的學生，其專文已經在臺灣成為長期照顧通用設計教材。以下是他分享如何應用以上知識教學和養成服務能力。

如何支持學生學習

為了幫助學生有更好的學習預備，老師課前可錄製或擷取一些影片讓大家聽一點演講，然後課堂時間用來討論反思。課前大家預備好，課堂討論時聽別人的意見，人有不同水平，交流會有收穫。若上課只是坐在那裡一直聽，往往等同並未參與進行自己的「思考旅行」。

課前閱讀要有，但老師給的量該是多少？不能太多，不然有些同學可能會拒絕學習！請同學讀，老師要設計請大家思考的議題，不然表面看大家有先讀，卻未必預備好要思考討論方向的內容，甚至發散到別的想法，影響課堂互動品質。老師設計議題只能聚焦老師認為最重要的，使同學來之前對今天要學的、要討論的議題與方向有基本一致的理解以便討論，例如什麼叫「參與」(engage)，針對議題給一點概念，請先反思，使學生知道接下來相聚的討論往哪裡去？免得學生讀了預備上課時，想法卻走到別的方向。

為確保學生積極上課，Berge 的簡報以大象在教室一角為圖示舉例，不要有大象在屋內，大家視而不見。想想老師對同一班學生有考慮個別特性？還是把人人當一樣？

也就是「別讓教室一大堆大象」。

老師在課堂每次要問同學，尤其臨時問同學，課堂上說明問題後，先給大家個別單獨兩分鐘想想，有心理預備和安全感，然後才討論。也避免學生只是看著老師，整堂課沒學到什麼。

老師要注意不斷調整環境，使大家能適應發展，包含如何討論、什麼場合、用什麼語言表達指陳的標的，和有無減損尊重的價值判斷或影響隱私，例如中文稱「失智者」，字面上疾病優先來形容人，英文直譯為中文「人失智」（people with dementia），還是以「人」為主。

如何因應行爲情緒挑戰

我們以往用「醫學模式」看人與所發生的照顧挑戰，往往人有問題，我們要「修理」這人；或用「旅館模式」變成服務提供者為我們做好一切，而且對所有對象都做一樣，這樣服務使用者會快樂？所有服務我們都為他做，他快樂嗎？覺得有自尊、自主嗎？另一種看法是調整環境和參與機會，例如服務提供者陪伴去看醫師，有沒有讓當事人講話？

另外，挪威曾有老師看學生不專心也不隨老師指示動作，就催學生學，其實老師不知道學生有視障，我們對失智者也有相似盲點。

一個護理之家服務提供者遵照醫師指示在用餐時投藥，趁大家吃飯，沿桌逐次把藥丟在一排住民碗中，自豪「精準照顧」。想一下我們願意被如何對待？如何是展現尊重？服務提供者能否有別的方式使雙方樂意？這類事天天發生於各處，要讓大家討論。又如，以前挪威機構有人「亂叫」，快的方法是給藥使他不叫。但他為什麼叫？就溝通照顧挑戰而言，當人做「錯」，我們說「你不對」，這是提油救火！要給人多一點時間、空間，設法不再是這樣。每個人對外界刺激有不同程度的反應能力和態度，設法用健康方式控制焦慮與壓力調節自己，稱「容忍窗口」。[5]

有時我們遭遇過多創傷，有的人可能防禦，或反應過度、或沒有產生必要的反應，

5 https://www.mindmypeelings.com/blog/window-of-tolerance

我們也不斷學習如何調適。

想想小孩生氣、摔門，父母會直接對付？或想想其他不會這樣的時候是為什麼？從哪裡找線索？又例如要小孩做功課，不是只針對他，父母想想自己做什麼使他可以？用不同思維取向面對問題找解方。有失智者敲桌影響他人，為使其安靜，或可放枕頭在手臂下，不吵任何人。服務提供者面對挑戰，往往可以調整環境為優先，直接阻止可能只是反效果。

身心障服務前反思

思考：人人不同，服務提供者最好想兩分鐘。對他重要的是什麼？有人要一週兩次啤酒(只要沒傷害別人)。對當事人，生命價值是什麼？生活品質是什麼？

思考：旅館模式重視個人希望的不同，同樣老師教學有無想過，學生個人希望的上課方式？要問同學，最好也讓他用兩分鐘想一下，而不是要立刻回答。

思考：有些人需要照顧，但想想需要照顧的兩個人有什麼不同？想兩分鐘。從這些思維養成反思去機構實習。

思考：為什麼我去你家我敲門，我去機構的某人房間卻不這樣？

思考：以人為本和機構一律一樣的差別？想兩分鐘。

思考：為什麼有Omsorg+這種比居家服務更多支持資源的住宅？背後的關鍵是因為民眾需要幫助，但仍希望有自己的生活。建立關鍵觀念才能繼續創新發展，當然也可以隨時空轉換。

思考：教學或照顧，使人更高參與，才有更高動機和更多學習，即使失智者也是。機構養雞，如何設計住民與雞的互動方式與頻率？

思考：中文的「參與」英語有兩個字engage（主動參與涉入）及participate（不一定主動可能只是在場），回想以前看過或服務過的長照服務場景，服務使用者的參與涉入經驗，例如有一群老人在失智日間照顧中心，有人帶活動，有的人跟著，甚至陪伴者跟著，可是服務使用者卻默默地發呆。

思考：activate與motivate的差別？在人還沒產生反應時，知道他有潛力而設法引出展現，與努力激勵但不確定到底他有能力做多少？

幫助和參與要平衡，所謂「服務」，包含我們創造服務使用者參與的機會。例如坐輪椅者，我們幫助他有適合的工具和使用方法，由他操控要怎麼洗地。我們可以想一下，服務提供者在支持服務使用者時該做什麼？讓服務使用者有自主性、有安全感、有自尊。

協助復健的人聽到一位中風且一眼偏盲的畫家希望教畫畫，協助者閱讀出什麼？或許有助掌握、支持生活與復能的陪伴行動方向。

我們看人的活動行為現象，同時要考慮環境條件。我們服務失能者，和他溝通，常認為「我有講」。可是如何讓失

★ 積極性支持強調除了硬體，還有服務提供者與同儕對老人情緒行為都可影響。圖為荷蘭機構失智區，Ina 教授探訪。

能者覺得被充分接納？從醫療模式、旅館模式或機構模式再想想，這樣與他溝通，他快樂嗎？

至於積極性支持模式，更考慮人的特性、疾病的特性、環境的特性，然後想想服務提供者的特性。什麼不是讓對方挫折？要看他的反應，看哪些？例如講話多嗎？斟酌該給多少外部支持，和什麼樣的支持？給對方時間並等候。有些人可以自己掌握，每個時間點都有潛力與可能，也是一種增能，而且每天可能不一樣！想想，什麼人需要用什麼方式來溝通？用圖示、肢體、平板、或其他？

身心障服務使用者積極性支持生活設計

我們倡議機構或日間照顧還有就業單位，為身心障者創造更多積極性參與（engage）的生活方式，讓他們感到有安全感、自主與自尊。這其實有相對性與個別性，例如一起決定如何能從家裡出來順利地走去目的地。

我們可省思，過去家屬帶著他們去看醫師，這些人在一起，身心障者有參與？這只是他們生活圈的一部分，其實可以從文化、社會、醫療、疾病、個別成長等生活中多種層面來看。

就像某人去看醫師，他看到醫師似乎聽到他的肺有問題而開始焦慮。這時他無法專注別的，除非能進一步得到想法。這就是需要排除他的內外環境干擾，才能專注進一步的溝通互動。

到底何謂有品質、有意義、積極性生活支持的適切安排？從幫助各種身心障者累積的經驗，不只用於自閉，有些可能適切通用於其他照顧。如今，「通用設計」思維不再只限硬體和動線之類，而是改善人與人互動方式更友善，以服務使用者眼光與他一起找尋最適切的生活。

人人有自己的路。照顧各種身心障包含長者，若設計一個結構或儀式，可能讓每個人可以發揮和享受生活，以降低焦慮和不確定感。

不確定感是什麼感受？舉個真實故事當例子來試著同理。某人搭飛機，忽然「砰」的一聲巨響，機師說：「有東西破掉」。這時，乘客害怕，有的亂跑、有的憤怒，還有的尖叫、悲傷，各種反應都有。因為意外造成對未來會怎樣不確定，類似無結構的下一步。照顧人有自閉症的，沒有適當的結構，他們的感受就像持續一直在那架飛機上。又例如身邊有電話，使我們掌握生活，不用因周遭多樣不確定而耗能焦慮。或可說，更能有效使用資源。

再以教學為例，上課有個例行過程，例如如何歡迎同學、如何溝通、如何結束課程等，甚至老師可以在課前，請大家一起幫忙先思考，如何有個進行結構？什麼是正向進行取向的教學方式與學習體驗？

各種協助復能的助人者也可思考，如何使要幫助的人專注、能掌握練習活動。設定結構與環境、感覺安全，讓接下來的操作更可預測。同時，服務提供者也可想想，什麼

★ Berge 老師以乘客在機艙遇見意外的不確定與慌張，來比喻服務使用者面臨服務提供者未能事前說明安排的害怕。

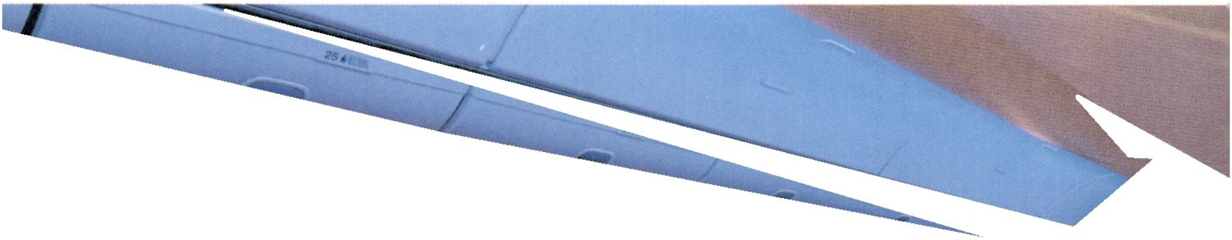

情況使人幾乎難以專注和掌握。

筆者多次從長照復能場合看到，主要服務提供者如何表達和行動。服務使用者周圍的人往往很想感覺自己為他做了什麼？過程是否合宜？不乏可檢視之處。

或許，服務提供者不只設想客觀情境的因素，最好也謙卑自省，有無來自自己這邊的干擾？例如用自己的步調，但對服務使用者可能已經是壓迫，還覺得對方不積極。就像健美者鍛鍊肌肉，不是負重越重越有效，因為多頻率重量可能造成疲乏。

以下有個自閉照顧參考框架對服務其他長照族群或可斟酌引用，取縮寫易記，稱為SPELL。[6]

SPELL框架由美國自閉症協會與自閉症患者、其家人和專業人士共同開發，支持對自閉症的理解以及對自閉症友好的環境和方法的發展。它構成了為自閉症患者提供支援的員工培訓的基礎，並且符合服務提供者開發的一系列以人為本的方法。其中包括良好支持的基礎、積極支持、有效溝通和積極行為支持。

SPELL是一種個人化、以人為本的方法，圍繞著以下關鍵要素：結構化讓世界對自閉症患者變得更可預測、更容易接近、更安全。良好的支持會考慮到這一點，並透過減少對他人的依賴來有效地利用它來幫助個人自主和獨立。自閉症患者的積極態度和期望是良好支持的基石。敏感而持久且所有周圍服務提供者一致的支持方式，使服務提供者能夠吸引個人，盡量減少退化，並發現和發展潛力。同理心是透過收集關於個人如何看待和體驗世界的見解，找出是什麼激勵他們或讓他們感興趣，以及什麼讓他們害怕、關注或困擾而發展的。瞭解這一點可確保服務提供者的支持尊重並反映個人的立場或觀點。「低喚醒」概念對感知支持和對於環境等感覺處理困難的人尤其重要。工作人員專注於創造平靜有序的方法和情境，以減少焦慮並幫助集中注意力。它們讓人們有額外的時間來處理訊息，並注意潛在的令人厭惡或分散注意力的刺激，例如噪音水平、配色方案、氣味、燈光和雜亂。這讓服務使用者周圍影響生活的各個組成部分之間的聯繫得到加強，以促進和維持基本一致性。服務提供者支持的自閉症患者、他們的父母和支持者都被視為這過程中的合作夥伴。[7]

---

6 https://www.unitedresponse.org.uk/resource/spell/

7 https://stjudes.com.au/news/what-is-active-support-in-disability/

根據上述說明整理如下：

- **S結構**：設定結構與環境。感覺安全、可預測，更能有效運用資源精力，尤其精力有限或因別的因素特別容易受到干擾和耗能。人人可以各有適合的結構與環境，例如一起床要做的事。
- **P正向**：讓對方感到我們對他感興趣。他是有價值的，他的期望被聽見、被看見，得到平等的地位，甚至包括每次對他的稱呼和希望他注意依循的表達。
- **E同理**：服務使用者也許有病、有特殊診斷，還有個別生活經驗、內心創傷，有獨特生命史。我們學習從他的眼光看世界。

★ Berge 解說創造。

- **L低喚（覺）醒（low arousal）**：用尊重的方式幫助人，不要無意有意用對立的感受，例如小孩哭著要巧克力，給他就不吵，也許是有問題的因應方式。我們能否想想，下次如何避免又發生這樣的吵鬧？用協議？人自閉，有些人對某些聲音、光線特別覺得是壓力，我們要覺察而避免。當挑戰性行為出現，我們的因應宜尋找避免對抗、降低壓力、平和的方式，而非很快就想到用藥物。有的人可能要個別的方式，例如戴眼鏡、耳罩。

- **L連結資源**：周圍的各種服務提供者能合作。共同用正向支持循環，來應用經驗、技能，一起發展更進一步如何做。

我們可思考創造、產生、促成適應轉變的事件，使服務使用者能自己掌握進行參與。可以從很大也可以從很小的事切入，要有創意促成發生。

有次教學時遇見四處走的學生，想到不是直接嘮叨糾正，而是給他自己一個空間，做想做的事情，於是重新調整他的學習歷程。早上來學校，先讓他有個地方做喜歡的活動。告訴他，覺得預備好再來教室，這促成學生後來自己調適轉化適應。學校老師們當時難免有預設立場認為，這還得了！變相鼓勵，就一直在那裡不出來……。實際上目的是放慢節奏，給他期待的，感覺尊重。有時家長說來學校什麼也沒學到，其實未必。還有一次有同學過動干擾其他同學，老師為他在同一教室設計一個空間一起上課，後來他告訴老師，比原來的方式更學到知識。

又如，遇見不願洗澡者，得重新設計。也許希望調整洗澡時機，不是只用騙的，或者需要重新調整設計住民生活機會與活動安排，從SPELL思考避免互相干擾。

NOTE

筆者曾到比利時學習，當地安養機構遇見許多失智者夜遊，服務提供者從以上觀點討論出大夜班護理師不穿制服改穿睡衣上班，改善挑戰。

有時候長照從業人員想要快解決挑戰或沒有耐心學習，就說：「不要跟我講道理，告訴我怎麼做」！我們若是模仿一種做法，其實未必有相似效果，因為我們得明白背後的原理，才可能轉化而合宜運用，這是目前長照的挑戰。不是服務使用者造成照顧挑戰，而是服務提供者對甚至部分參與培訓的主管機關，對學習和改善問題的態度！後來挪威長照在職學校的老師也有類似的看法。同樣的服務動作，得理解背後的意義和理由，才能彼此做的一致。這對服務使用者的感受也非常重要。

某人在家時多年來喜歡半夜起來吃巧克力。他活在想要的生活中，這也沒傷害其他人，一旦搬到機構可能就失去這種生活。也許，半夜吃巧克力引起服務提供者質疑胃食道逆流等風險，但生活價值與健康專業可以重新一併考量來「make life good」。

什麼是最恰當的服務？是我們對他們的「支持」以便他們可以選擇想要的生活？雖然有時我們不認同。但可以想想，這與服務提供者的態度是「隨他去吧，還能活幾年」？有何不同？

再如，有年輕人說：「我要全身刺青」！我們如何回應？只是造成衝突，讓年輕人反擊「為

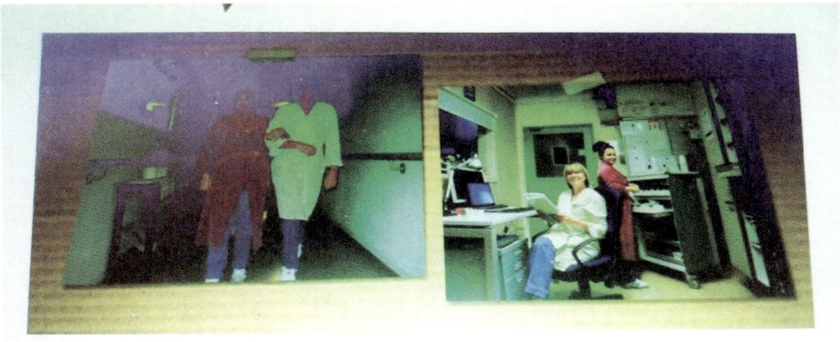

★ 比利時安養機構失智區大夜班護理師穿睡衣創造情境引導住民理解時間。（照片提供：Maddy Van Den Bergh Zorgbedrijf Rivierenland 長照機構執行長）

什麼」？根據以上積極性支持和參與的精神，或許換個溝通方式可以更適切，例如回應：「我聽到！也許我們來瞭解，有多痛或什麼危險？其他做過的人如何？也許問問醫師」？若後來這人還是要或決定不要全身刺青，至少我們支持他走過過程去做決定。即使別人覺得是我們認為的壞決定，其實我們自己每天也很可能做後來看來錯誤的決定。

可以幫助對方盡可能保有原始舒適圈，旁人陪他們一起往前走。其實照顧失能、失智後，甚至輔導高齡再就業者，也可這樣思考。他們的舒適圈是怎樣呢？一旁的人下一步如何進行，幫助他們做好的決定？如何不再是過往以管理者導向的機構式對待方式？

以人爲本長照課程設計

為了涵蓋並豐富以人為本的服務提供者素養，挪威、丹麥多國採取模組課程設計，例如Berge服務的社會教育系三年半大學學士課程，七學期共十三個模組七十二個共同目標，以一上2個、一下2個、二上2個、二下2個、三年級5個模組，看課程長短決定一學期放幾個。每個模組要有明確期待的產出，從一年級逐次推進。模組有主題和次主題幫助學習者全觀掌握，各模組相關但互斥。考量要幾個模組，得想想實際可行性與恰當否？有時，模組的命名還不是最重要，每個範圍不能太大，免得學不到東西，甚至有的要拆到另一個模組。

傳統教學拿課本來課堂念章節，以此分類學習進度比較難做到模組化效益，模組使學生掌握理論和技巧，以走向裝備預期能力。

目前上述十三模組分成三大類：

1. **倫理群**。例如人觀、人權、什麼是生活品質？何謂服務價值？為什麼我們用積極性支持？為什麼不使用處罰的方式面對照顧挑戰？我們應做什麼？什麼對服務使用者有益？態度是什麼？這課預備接下來的知識可以善用。

2. **知識群**。老師們要考慮，有哪些知識該教？哪些學理？為什麼要服務使用者參與？有哪些學理與這議題相關又重要？例如什麼是失智？為什麼失智者會有這樣的行為？學了溝通，服務提供者讓服務使用者覺得能感覺掌握自己，而不是只是說明某些動作。

3 **策略群**。走過挑戰要通往願景的方法與過程是什麼？預防策略？發生問題的因應策略？「預防」不是只有摔倒這種問題而已，例如引用 SPELL 框架。

根據以上，三年半的第一年，探討什麼是正常的人？引介學習理論、心理學等知識，應用知識搭配外出實習。第二年，健康相關議題，各種操作過程搭配外出實習與回學校報告討論。第三年，系統性整合知識與論文。一個模組不只一位老師，因為主題不只一、兩種。期待學生學習後，回答一個個案的問題要考慮多面向。模組支持這樣的能力發展，模組要考慮順序性，以及幾個才適合測試。每階段測試不只考試而已，而是另一學習課程或方式，測試可能在家線上或在校做事。讀者不妨從以上 Berge 的分享思考一下，重新看我國實施多年的二十小時失智課，與學校長照科系的課程設計，有何新看法？

在職教育也走模組方式是趨勢，更貼近而且配合學員每日實務現場，用學員的語言教學。這幫助學員在面臨照顧現場所謂的攻擊、性騷擾，有更好的能力思考預防策略和發生挑戰的策略。於是，有些問題應可能減少，甚至不再成為學習重點，例如「安全看視」。

若長照學習只學過程，因為沒有批判思考，沒有去想我們服務的是人，這和操作機器有什麼不同？所以倫理是基礎，然後學其他。做事的想法重要，而不是毫無思考的機械式的做。長照第一線服務提供者各種背景都有，引導學習時，不要過度低估也不要高估。在職學習要有個系統來設計，有些掌握知識與開發方法的資源提供者參與，幫助服務提供者重新面對某些情境，有不同的思考引導如何照顧，就如積極性支持原理如何引導服務調整。

像有老人愛讀報，現在不知道怎麼行動。我們要想，如何支持他可以做，而不是漠視或立刻轉移注意力要他做別的。進一步把觀念導入服務，可延伸閱讀。[8、9]

想想看，以上的分享對您目前的學習有何啟發？找到什麼新的可能？幫助自己也支持服務使用者。

8 https://www.unitedresponse.org.uk/resource/practice-leadership/
9 https://www.paroren desenteret.no/om-oss

1.3 丹麥伸張失智者權益——國家失智知識中心

引言

二〇二一年筆者應國衛院之邀介紹各國高齡研究智庫，一次提供八個網址。[10]

面對老化各種挑戰，歐洲國家因應之道是跨國聯合研究以擴大適用性，並邀集許多研究生為政策創新同步投入，是價值傳承，也是累積知識與方法和研究可靠度。丹麥成立國家失智知識中心也是類似實例，服務專業照顧者、失智者、家屬。不只為了發表升等告一段落結案，或者一時的「亮點」，許多研究都落地轉為以人為本倡議、教導與服務，有效用資源創造福祉。以下介紹該中心對支持表達性與痛的生活挑戰研發教材概況。「照顧」不是只提供客戶洗澡、吃飯等需要，要看到客戶是誰，客戶的價值觀與期待。

中心簡介

來到位在哥本哈根醫學中心一樓有個研究區，正是丹麥國家失智知識中心大本營。[11]遇見資深研究員、培訓教練、教材與教學法設計者，以及護理師出身的顧問Tove Buk。和我國一般相似的專業人士相較，還有一突出特色是受過完整的成人教育教學法養成。

丹麥是世界成人教育鼻祖國，兩百年來醫學、科學、神學許多專業人士，會學成人教育教學法增強職能。筆者來往丹麥二十多年，始終好奇為什麼我國公衛教育和大學師資較少涉獵成人教育教學法。丹麥與其他北歐國家則不斷精進，線上學習長照服務也大量應用以提升服務效能。

Tove Buk表示，中心有六位課程設計諮詢專家，含護理師與職能治療師。他們負

---

10 https://forum.nhri.edu.tw/r50/

11 https://videnscenterfordemens.dk/da

責寫文章、設計教學、製作教材給不同職責和程度的學習對象，研發更精細個別的照顧，例如前額葉型失智者。「照顧」包含支持患者在生病的處境中學習，服務提供者尊重患者。

中心主責服務對象是職業照顧者，也就是培養全國種子，讓他們能用於第一線服務。除了平日推廣衛教健康識能，每年還舉辦年度研討會，上千人齊聚交流新知，包含許多醫院從業人員。許多全院失智友善醫院也是這樣而來，不只硬體，還有所有服務者。

這個中心發展照顧的學理主要根據英國學者 Tom Kitwood 的論述，尊重患者，

★ 失智研究中心發展的友善居家環境。

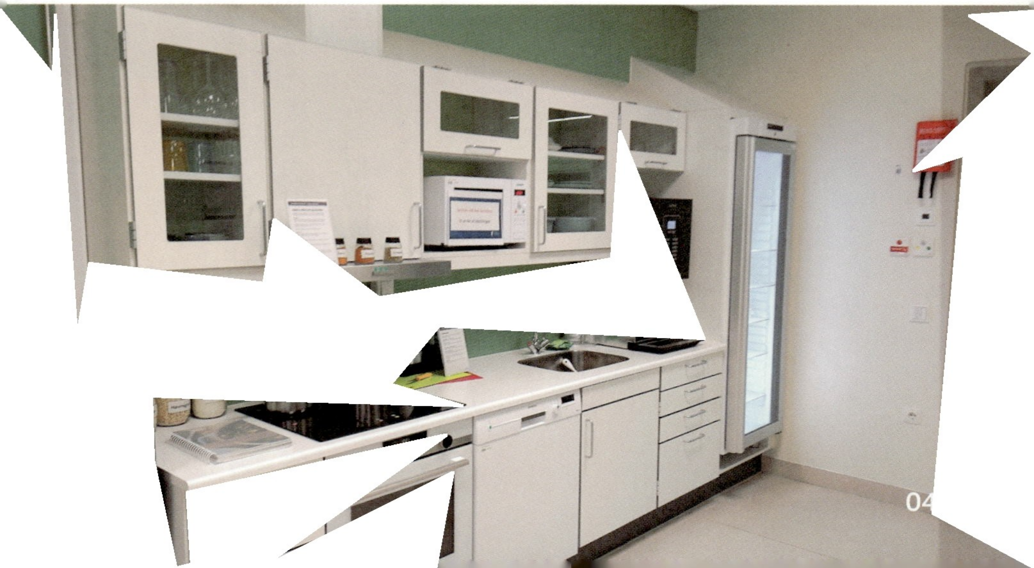

重視支持、增能、個別取向。根據 Tom Kitwood 強調的，這人是誰非常重要！因為這樣的服務預備，能更以人為本的態度進行互動。對方能感覺到他是獨特的他，這對他是非常重要而有意義的！

失智會談工具盒

本於學理，從二〇一七年開始的五年計畫發展完成了原創的溝通工具盒，後來被挪威與他國採用，提供給職業照顧者用於教家屬和失智者。其發展過程歷經原型測試、十五個城市質性與量化測試和更廣泛的網路測試才定案。[12]

工具盒用於失智共照個管、照服員和失智支持團體對話用。設計特色是輔助記憶、語言、主動性、注意力，給失智者發聲的機會，讓失智者可以表達自己。也可說是一種

12 https://videnscenterfordemens.dk/da/samtalehjulet-version-demens-i-hjemmeplejen

基於對話包容和積極參與的衛教方式，有助促進學習和改變的承諾與動力。裡面的對話提醒參考卡片都有圖與字，這些卡片根據世界衛生組織的國際健康功能與身心障礙分類系統（ICF）對應而來，以便對話後能歸類以擬定後續照顧設計規劃。

許多時候當人失智了，周圍的人開始不信任他，代替他做決定。這正可能加速病情與衝突，因為失智最忌諱壓力與挫折，又難以充分表達。這個維護人權保護尊嚴的工具，希望服務提供者在正確的時間得到正確的知識。內容包含面向有「我的腦」、「我的身體」、「我周

★ 護理師 Tove Buk 解說確診失智後的諮詢卡。

遭環境」、「我與人的關係」、「我的日常生活活動」。將這些討論編排文字並圖像化，因為部分失智者難閱讀或者不容易瞭解別人說的，圖像有幫助。

失智者確診且輕中度時，許多人仍在家，還可以瞭解別人一些。專業諮詢服務計畫設計執行者，透過工具可以更瞭解失智者。不只是知道他到底有什麼需求，然後去服務他，而是隨著互動能不斷更認識這人的價值，提供更適合他的服務。

一開始花時間使用，先討論過，接下來的服務就用到這些瞭解。除了在家比較輕微的，日間照顧中心也適合用。當他病情更嚴重時，也許他不能對你說什麼。若我們先前曾和他討論過，我們就更能認識瞭解他。

例如剛失智確診而認知還可以的時候，可以和他一起用，可以向他解釋這卡片是什麼？為什麼用？然後他們有些人會同意說：「好，我來表達我的想法」！也許我們幫助他選卡片主題內容。

通常流程是到醫院測試檢查，失智確診後，資料從醫院轉到社區。醫院人員知會共照中心失智諮詢者說：「你可以去拜訪他嗎」？病人這時候可能獨自在家或與配偶生活在家。諮詢者帶著這種工具，約時間後說：「我想瞭解你，我帶來工具，幫助我更瞭解你」。

Tove Buk說：「去看這位客戶之前，在辦公室已經盤算過今天大概從什麼方向切入，碰面時可以問失智者他想從哪些方向開始表達。也許這次可以問他，然後找一些延伸話題。要從他的意見開始，我們配合他。給他一些卡片內容，他可以選，然後來想未來生活」。

例如廚房、時間、希望瞭解別人說什麼。也可以選擇「睡覺」，表達以往如何睡？什麼時候就寢？也許失智者說：「我都很好」！也許事後你可以問配偶，也許配偶會給回饋，但不是當場！諮詢者事前告訴配偶不要干預諮詢者與失智者談話。

★ 支持失智者繼續在家生活的設計，支持在家老化和獨立自立。

諮詢者甚至可以就用到的主題卡片拍照，記錄一下今天談了什麼，重點是提供表達。Tove Buk回憶，不少失智者曾說：「當他失智後沒有人再問他意見。別人會問配偶、問女兒、問兒子，但就沒問當事人自己的想法。有時失智確診後就不再被當成可信賴依靠的人」。失智者說：「僅僅是昨天與今天！昨天周圍的人信任我，今天去醫院診斷後，周圍的人不再信任我」。我們希望診斷後繼續給失智者表達意見和感受的機會。

共照中心的個管諮詢者向失智者表達的態度是，「我肯定你仍是有意義、有價值的！支持失智者保有有意義的生活！而不只在一天某個課程或特定活動的當下，感受形式上的尊重」。

這工具不是為評估病情而問，而是從互動理解人。在丹麥也是最近五年才開始特別重視這種觀念，更早前不太這樣。那時覺得失智者大概沒什麼有意義的生活，倒是親屬被在乎。

工具卡使用的會面一次約一小時，也許下次兩週後再來一次。做了紀錄後，後續服務提供者都能參考。失智者是如何看自己的？在意什麼？也許半年後此人需要更多幫助，我們知道如何入手。

★ 失智與心智障礙者專用居家烹飪食譜。

★ 居家廚具增加色彩輔助判斷。

Tove Buk謙虛地說：「全丹麥九十八個行政區有一部分用了這工具，質性研究證實有幫助。現在的失智照顧進步，但還不夠特別的好」。對人的瞭解還需要更花心思，這有賴培養諮詢者。希望大家最好用工具，但不是所有人隨意就能適切的用，要有學習，安排十次練習，五次與同事、五次與你很熟的失智者，然後可以正式服務。

與失智者討論對話，之後從中分別出對失智者最急切重要的、有點重要的、不重要的，然後配偶再來一起協同看一下。「有些配偶從這些過程後，才知道原來我的配偶在意這些！『我先前也不瞭解做這些事對他那麼重要』！某種程度來說好像很神奇，提供親屬新的眼光看失智者，影響兒女如何看他們的爸爸或媽媽和他們的家庭」。後續照顧的人，無論職責是給藥、備餐，還是協助洗澡，都可以在服務前看一下累積的會談資料。「這並非只是記載疾病問題與挑戰，也包含關於這人的理解和價值」。

重視「性」照顧

幾年前，國內某公立安養機構打算編預算購置性器材和安排性空間，目的是照顧機構住民需求，也期待這樣讓服務提供者減少被騷擾。當時曾引起討論，豈是所有人都愛用這樣的方式滿足需要？所謂的支持照顧性的需要就是這樣？這是從誰的觀點和什麼動機、原因決定這樣的做法？

這麼多年來，照顧重視追求全人，全人的意思包含考慮器官相互影響，也包含身、心、社會多面向，以及個人生活方式與生活期待。只是關乎人類基本需求，因文化、訓練和對疾病行為的想法，性議題存在卻不容易正視。尤其失智者相關知識不足時，很可能大家按自己意思猜測與判斷，產生誤解衝突，打擊患者、住民自尊。

丹麥國家失智知識中心看到多個失智與非失智可能差別的議題，例如疼痛、感染、表達和性需求，投入研究有成，發展了教材，以支持失智者能繼續追求有意義、幸福滿足的生活。

以性議題而言，中心的教材不是侷限在對服務提供者的騷擾排除，也並非只將性看為生殖器官生理滿足，而是從更寬廣角度省視人的需要。因此，教材訴求的主題包含配偶一人失智，如何影響親密關係，如何影響表達，和產生所謂不適當行為的理解與因應。教材有給配偶的，也有給親屬的。有還在家生活如何支持兩人親密生活，也有安養機構的服務如何適切。

如同丹麥最基礎的照服員課本失智篇開宗明義就提到，「要認同人失智仍有追求自我實現的期待。照顧的定義就是支持自我照顧和自我實現」。因而想到，人被確診失智後，會影響親密關係發生一些挑戰，也許他們仍在期待繼續有各種美好的共同生活。

拿著剛出爐的新教材，Tove Buk 解釋，對機構失智住民所謂的不當行為應用尊重與瞭解替代偵察搜索、抓犯人的態度和責罵他們。他們往往沒有我們想的那樣的意圖，只是在表達他們的需要，往往這顯現有時是得不到足夠的刺激。專業的服務提供者宜去調查瞭解缺乏和適合哪些刺激，支持他們得到。或許我們可以給一些按摩、擁抱，或抱著喜歡的布偶。

也許也要知會那些親屬，為什麼我的配偶出現一些所謂不適當行為？不是因為他們變壞、居心不良，而是他們的需要被忽略了。他們可能難以如我們期待的方式來表達需要，因為他們的認知能力降低。

Tove Buk 看到新世代老人和社會的想法改變，提到「這些議題，以前有人覺得失智變嚴重，不敢、不願公開或讓人分擔，現在不是這樣。前陣子去丹麥阿茲海默病友會演講，同一場合好幾場，我負責的是性議題，本來以為可能大家不好意思，實際上引來很多人」。

該中心已經設計完整的性課程，有講述、反思、討論與個別輔導。講師不是萬能的，並非什麼都懂，而是與來賓一起探索。有些議題還需要收集資料，繼續找更適切的因應。

因為主題敏感，能否用線上降低大家的困窘呢？中心主張線上教學以職業服務提供者的教育訓練為主，而不是對一般大眾，避免有些資訊其實背後有先備知識卻對失智者造成困惑誤解。挪威已經發展新的線上課程直接給失智者。13

該中心撰寫性教材時也找性學專家閱讀然後給意見，性學專家會問照服員如何看待這些議題與教材草稿，然後調整。希望丹麥失智性教材能幫助到臺灣的照顧者。我們應增加照服員能力（知識、態度、技能），知道為什麼住民這樣行為？

研究人員提醒讀者，「我們一生都有性生活，從出生以來。當你為一位阿茲海默患者換尿布，他不一定瞭解你在做什麼。如果服務提供者有些不合宜的應對，卻不知道不適宜，也可導致失智者的各種反應，而不是都是失智者的錯」！

「失智者難以對自己的行為控制和負責，因為他們的認知下降。在丹麥，會去住安養機構的失智者，多數是失智非常嚴重的。服務提供者要認識到，許多住民沒有能力為自己的行為負責任」！

Tove Buk補充，有時服務提供者看到額顳葉失智者還可以講話，更容易認為這些人是正常能控制自己，而判斷他們的行為言語是惡意的。但這是誤解，因為他們認知下降仍然可能有些記憶表達能力，被激怒時不知道怎麼合宜的反應。服務提供者看到的是失智者言語粗魯，實際上失智者控制不住自己的表達，不會在乎周圍人的感受。

服務提供者不要因為失智者的攻擊性、侵略性言語而頂撞回去，可以回應：「你生氣了嗎？你需要什麼？我可以幫助你什麼」？若你說：「不可以」！這樣說話是沒有用的。你就是說十遍可能也一樣。但失智者卻接收到面前的人非常嚴肅，而害怕沮喪。有些失智者有攻擊性行為，服務提供者要有知識。攻擊性行為可能是因為身體違和，例如疼痛、瞻妄。Tove Buk寫了一本辨識失智者疼痛的教材，提醒了這點。

為了提升民眾與專業人士素養，中心研發線上免費學習網址。[14] 這些不只神經內科

13 https://www.aldringoghelse.no/notiser/e-laering-om-sex-og-gamle/

14 https://videnscenterfordemens.dk/da/abc-demens-gratis-e-learning

領域，而是其他科的醫師面對其他疾病病人，可能與神內醫師一起會診，還有十個模組混成學習給非醫師的職業服務提供者。[15] 學了後合併與其他人士的專業共學，都是實用，學了可用！而不是湊累積學分，和現實脫離。

Tove Buk 指出，「普及知識的教材不是只針對單一挑戰，先從一般性的基本知識開始。我們的教學非常重視服務提供者反思自己的行為方式，要認識到服務提供者的行為方式可以非常影響失智者的情緒行為和生活品質，我們要學習以人為本到底該怎麼展現照顧」。服務提供者要學習改變，改變自己的能力和做法。反思在丹麥是非常重要有特色的學習工具，用於推演我們如何看待知識與用知識於每天工作。

增強因應能力

為了強化第一線服務提供者能力，丹麥衛生部編寫了《實踐以人為本的失智照顧》、《理解行為和心理狀態的方法》、《失智照顧管理》、《老年失智性行為》、《專業會議方式》、《降低精神用藥》、《失智安寧照顧》等多本自我導向學習教材，透過該中心發展各地小組學習。讓忙碌的服務提供者自學，用於反思和個案研討創新服務，減少憑本能反應。

這些教材考量成人學習特性和不同知識背景，和給醫師看的非常不同。理念是我們不能改變失智者，我們能做的是，本於以人為本理念來設計環境與互動方式表達尊重、溫和、快樂。

Tove Buk 帶著三十年照顧經驗說：「照顧現場的不適當行為永遠不會消失。但我們追求因為更瞭解和設法瞭解，而提供更多以人為本的優質照顧服務，使不適當行為不會成為大挑戰」。針對性需要，我們仍然要記得用以人為本個別化來思考，提供例如按摩或保護自慰隱私空間。我們要常反思尊重，什麼是尊重？什麼是以人為本的需求尊重？[16]

15 https://videnscenterfordemens.dk/da/faa-hjaelp-til-abc-demens

16 https://videnscenterfordemens.dk/da/video/identifikation-vurdering-og-haandtering-af-smerter-hos-mennesker-med-demens

也許有些不都直接是性的需要，而是能得到的環境與親密身體刺激太少，或失去自行追求生活滿足的能力與機會。我們可以從其他方面思考創造使他得到滿足的經驗，例如肢體接觸、按摩與擁抱或其他方式，也要注意有的人會痛或不習慣。

也許有的失智者不記得自己的妻子，看到另一美貌的女性服務提供者，這時因失智者認知能力下降，會分不清人而去抱服務提供者，還認為是自己的妻子。人住機構比在社區更受到行動與互動的限制，可能失去在家的多種感覺、被愛的機會與經驗。然而感覺被愛對人極為重要！機構的服務提供者如何讓住民感覺被愛是專業照顧的展現，包含透過良善言語、行為態度、有好的關係、好的照顧意圖。或許有些住民已經沒有朋友和親人，這時服務提供者表達同理和表達喜歡住民很重要，也就是住民覺得他們是被喜歡的。而不是從服務提供者觀點，設法減少對服務提供者的麻煩而發展「在職教育」。

如果服務提供者希望降低被不適當碰觸，也可考慮提供一些能讓失智者抱住的物品。我們身為親人看到長輩不適當行為，容易對他們說「不可以這樣」，這不是有效引導溝通方式，他們不會因為旁人這樣說而停止。

有人因為怕親人造成難堪，而孤立限制失智者於某個環境，造成失智者被剝奪與人的關係。有的人使用藥物來控制不適當行為，這不是好選項。丹麥統計，約有兩成老人使用精神藥物，希望未來一年能從一成五最後降到一成。

有些失智者在失智前有精神疾病而使用藥物，失智後還會用一些，但是對多數失智者，用藥控制行為不是好辦法，因為這樣可能使他們整天都不對勁又影響生理功能。

還有的失智者失禁或公開場合脫掉衣服，他們可能不知道自己在什麼場合，他們沒有意思要展現裸體。我們要知道必須幫助他們，也許輕柔友善地用手臂慢慢帶他們回自己的住房。因為他們不知道他們做了別人認為該被責備的行為，避免隨他們去，或罵他們叫他們不要這樣做，而讓他們感到羞辱。因為這沒有用，甚至造成失智者感覺虧欠大家而哭泣或其他行為。

近年，早發失智受到重視，年齡不同，生活需要不同。中心研發職務再設計，一般丹麥人一週工作三十七小時，失智者也許二十小時。支持他們學習，也支持服務提供者從失智者的眼光看世界的觀點，發揮創意幫助患者。

看到這麼多家人受到失智者影響，發展六歲以上各年齡階段心智狀態和生活環境的失智國民基本素養學習網站。[17]

醫療照顧隨時代進步，長期照顧來自急性醫療框架而接續發展。然而，許多新興照顧挑戰的因應思維，並非全與急性醫療相同。失智，很少藥物可以直接治癒。患者生活品質有賴旁人的支持理解和一起面對，很不容易。丹麥人口五百萬，相對算小國，但積極面對失智照顧有成。對二〇二四年仍僅以二十小時完成照服員失智專業照顧資格的我國，以及層出不窮的悲劇，或許要更嚴肅來看什麼是「好的照顧」？豈是學習「安全看視」課程和轉移焦點，就足夠幫助患者過以人為本，過有意義、有價值的生活？

★ 失智者維持能力繼續在社區服務。冠狀病毒流行時，去機構外演奏，用出能力幫助別人。

1.4 丹麥塑造慈悲關懷文化 —— 特殊機構（上）

引言

安養機構住著各樣特性與需求的住民，服務他們難免有壓力與挑戰。怎樣支持服務提供者維持健康心境非常重要。因為心境健康才能有自信、降低無力感、樂意繼續學習與服務。丹麥有公立安養機構，特別接待酗酒、用藥（毒品）和流浪等背景導致多重疾病被送醫，之後要重返社區的人。這是本於基督教文化傳統，顧念被社會忽略的人。主管認為塑造有慈悲關懷的服務文化非常重要（compassionate）。不是看人可憐，而是看到人的痛苦與需要，能動慈心並有意願採取行動！

當國內外都在喊服務人力短缺和負荷沉重，是否想過除了數字看人力，還有

17 https://aabenaalborg.dk/grundskole/viden-om-demens-til-0-3klasse?fbclid=IwAR1rRE-27m3_nJna8DgkqZWTcQY5le-y6lzNrNRzewwFZ5K8URVLLV-32gc

服務提供者間的關係與合作，以及用什麼理念看待自己的工作，用什麼眼光看待住民，這些也可能影響氛圍，和每天工作只有感受勞苦，還是看到價值與意義？當地累積多年的服務經驗看到，這些都能影響機構營運品質和人才去留，而不只薪水！

丹麥哥本哈根有棟建築的一樓是復健中心、四樓是特別的護理之家，更精確地說，是中期照顧復健機構。這種銜接出院的設計來自丹麥住院時間盡量縮短，如果民眾還不適合回家，就來這種機構。

這裡有十六位住民居住空間，接待無家可歸、精神虐待、酗酒、吸毒等造成身心損傷就醫而剛出院且六十五歲以下的人，幫助他們復健、減重、運動、適應社會，激勵他們，有時調整為減緩衰弱惡化。服務提供者描述，如同大峽谷裡快速改道的河流，設法使他們慢一點。

住民男性略多，但近年女性增加。有骨折、肝病、精神分裂、妄想、幻聽、混亂、戀物、囤積、中風各種症狀。因為多重疾病纏身，許多人看起來比實際年齡更衰老。

住民有的來自長期組織犯罪的環境，對他來說，難以走回正常工作，很無聊甚至尷尬。即使去監獄還是這樣想，價值觀好像從另一個世界來的，這束縛了人。在這些背景，繼續學習尋求在痛苦中生活好過、放鬆一點。很多人來自生活髒亂的住處，能住在這樣有序乾淨的地方是新體驗，平均三個月之後回到社區或者一般安養機構。

這是一九一一年於 Work Adler 旗下成立的全國性社福組織，在一九三四年設立的機構，以維護弱勢者的生命權（即使是邊緣人也能追求美好有意義的生活）、就業權（使用他們擁有的資源來貢獻社會而有自尊）、回家權（即使社會地位不高也能有安適居住的地

★ 毒品與酒癮中期照顧機構住房。

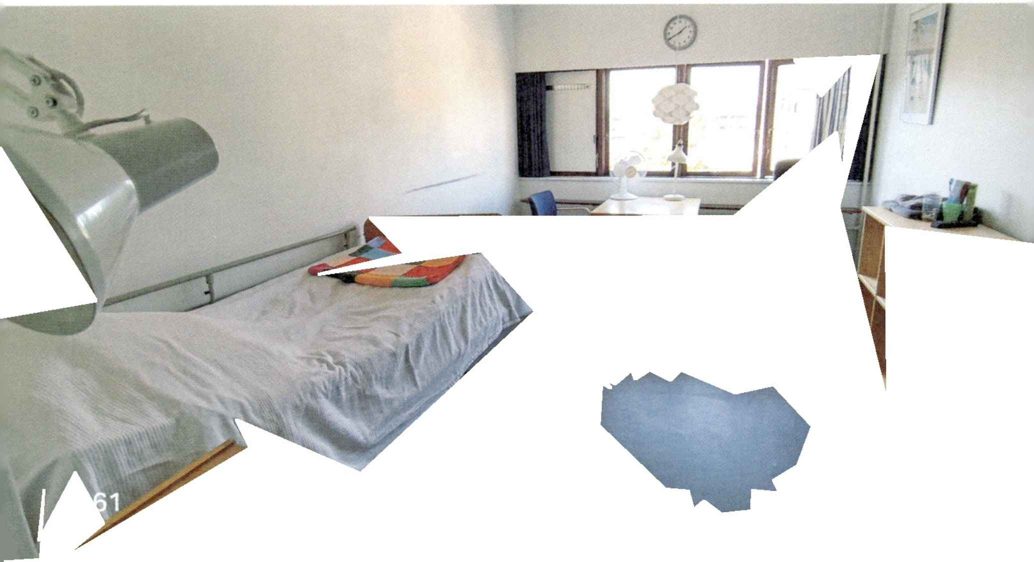

方）為宗旨。主張幫助這些人而不是施捨，希望有助社會制度和行政體系不及或忽略的族群能好好生活。[18] 換個方式說，這裡的人是沒被社會看到的人。有些人不斷買便宜的菸酒，然後回到住處抽菸、喝酒到用完才出門繼續買菸酒，這更將強化他們成為社會隱形人。

在這裡的住民許多人處於不穩定狀態，除了多重疾病還有酒精、藥物導致的失智，以及情緒行為問題。由於是中期照顧而非永久居住，也有一種不確定感。這種機構能順利營運，有足夠的第一線服務提供者非常不容易。能算穩定，有賴服務人員的信念和服務能力，還有相互合作的態度。

★ 酒癮者需要人支持走出困境。

在此擔任十二年經理的 Dorte Schiønning Andersen 是心理師出身，專長職業安全評估與發展，曾設計護理與職業安全手冊。同時她曾在丹麥歷史上第一所護理學

校（服侍善工護理學校）[19]進修執事課程。這是一種源自基督教的服務職銜，在教會與社會擔任倡議、教導、服務工作，為遭遇不平等和自尊受到威脅的人打抱不平。她任內推廣強化慈悲關懷服務文化，視為營運的核心價值，用以提供有安全感和支持性的生活氛圍。同時還要有創意地幫助住民面對實際的司法問題與生活挑戰，但首要的是支持服務提供者。Dorte 謙卑的對筆者說：「看到筆者的閱歷就在想，還有什麼可以介紹的呢」？想了有答案，主要應該是愛！包含肯定人是上帝造的而有上帝的形象。除態度要欣賞人的價值，不論是誰。還要有很多實際的技能支持活出這樣的服務理念（diakonia），包含選擇做什麼和如何做在人身上？萬變不離其宗，背後的總目標就是去愛這些人，可用慈悲關懷來統稱。

就像一位女性住民骨折坐輪椅很挫折，Dorte 引介護理師碰面，護理師評估這人沒很多社交問題。但當 Dorte 坐下聽這住民說話時，住民對這機構抱怨非常多，包含飲食

18 https://arbejdeadler.dk/
19 https://www.diakonissestiftelsen.dk/

和為什麼要住這裡……。之後才說面對非常嚴峻的財務處境，欠債導致無法就醫、支付醫藥費，還有會對她精神虐待的朋友，說著就哭了。這些困擾造成內心疼痛苦悶與情緒折損。Dorte 建議在機構對面有十字軍社福機構，專門協助欠債者可以幫助她，並協助她聯繫就醫。「這時，服務提供者必須有慈悲關懷之心，不然根本難以繼續在此工作。我們可能在此從事行政性、事務性工作，但這不是散播愛」！服務提供者要幫助人如廁、洗澡，若沒有愛，就像對無生命、非人的物體行動。

Dorte 最困難的任務是創造慈悲關懷的服務文化，不能這樣就該離職。怕機構內服務提供者當局者迷，邀請人類學者 Jon Dag Rasmussen 來此蹲點八個月，寫了民族誌研究，訪談、日夜觀察、聆聽所有服務關係人的互動，詳細分析描述這裡住民生活現象，服務人員如何迎接新來住民？如何給予安全感？透過許多生活互動小細節（例如給藥），從心靈層次支持重建人的尊嚴價值。透過外部人士觀察，來檢驗機構提供服務過程到底如何表達愛與關懷（丹麥語特別有一字 Omsorg 表達比一般性更高、更深的服務照顧。英語對應類似的含意是 compassion）。

這些觀念傳承甚久，來自《聖經》路加福音第十章25～37節的撒馬利亞人故事。

Dorte 強調，其實這位憐憫人且拿出行動又為人著想的幫助者也非基督徒。重點在他的憐憫心，對人的痛苦視而有見並採取行動，用行動為語言表達對身、心、靈之愛，三者交互影響。

就像上述的住民已經混亂生活很久，可是沒有幾個人瞭解其心境。她也未必願意敞開自己，Dorte 認為要幫這樣的人要有適合的接近與溝通方式。她說看到這些人酒醉，知道這些人沒有家，自己一生都在負債、逃避……。Dorte 看出她很害怕人生沒有指望。坐下看著她說：「我可以問一個問題嗎？您怕被遺棄嗎」？

NOTE

服務提供者要懂得察言觀色，提好的問題以切入幫助、安慰與激勵人。

服務早衰老的人、有需要幫助的人，需要很好的教育才能提供心理、靈性與存在價值的支持，且要服務提供者自願學習。多年照顧訓練經驗、在相似屬性機構服務的老師 Heidi Sørensen 則補充，很重要的是一開始學習就要養成正確的觀念，後續學習才能繼續擴展吸收，不會因為錯誤觀念太深而積習難改，包含身體到底如何運作？什麼是服務？

學了很多照顧技巧，甚至可以正確給藥等等，**但同時重要的是反思能力養成**。能想想我們的角色為何？知道我們做什麼對人和社會結構的影響嗎？在不同的服務處境，我們能分析自己是誰？處於怎樣的情緒心理狀態嗎？我們該提供什麼樣的服務和用什麼方式？Dorte回憶，在服侍善工護理學校特別重視這些學習。「從《聖經》學習一段時間，在服務人之前，我對什麼是『人』的理解有多少（人觀）？我對動機是什麼瞭解多少？我對人格人性多樣性掌握多少？我對自己認識多少？我知道若對一位所謂有攻擊性的人或對一些悲傷的人、妄想的人做出某些反應表示了什麼？我若在相似的處境我會有什麼反應？我若想過這些，我可以更認真考慮我如何對待面前這位處於那樣處境的住民」！若自己不認識自己也難同理，服務提供者服務時就容易害怕和憤怒。就很難一直面對挑戰，選擇適當專業的反應，而是直接反應。知道我們該何時開始做什麼事？何時結束？知道我們對住民做的將會對住民產生什麼樣的結構性的影響，這非常重要！因為服務提供者可能直接對住民說：「你怎麼不戒酒呢？要像個男人」！但我們知道此人的財務問題嗎？掌握應付其心理疾病狀態嗎？掌握這人曾在幼年被性侵與影響？我們能分析這些才採取服務嗎？我們知道這些生命成長的環境背景如何影響這人嗎？

很多住民因生病，對社會現實、疾病與自己的處境未必自覺，服務提供者要當橋梁分析人，引導他們走進新的生命。服務提供者養成不只知識層面，還有服務價值觀！尤其在一個機構當主管，要理解許多服務提供者的教育養成有限，服務提供者當然可能挫折。主管要當翻譯者，幫助員工知道發生什麼事？支持員工發展因應能力，例如主管看到員工給住民一件衣服，員工可曾瞭解，給衣服就是給衣服？其實涵蓋感受自主、平等。一早看到住民找不到衣服，服務提供者的應對是問住民想穿什麼？是珍惜了表達提供人感覺到自己的價值的契機，認同這人是不折不扣、獨立自主的成年人。

又如有些人從醫院或住處來此可能五個月還沒洗過澡，還可能拒絕洗。服務提供者不能跑去直接說：「喂，你好臭」！即使覺得臭

★ 與圖書館連線，支持住民維持認知能力。

到屋內的蒼蠅都要薰死了。我們進入住民房間時宜表達：「住在這個機構，我們可以幫助您，包含個人清潔衛生等等」、「我們可以幫忙洗衣服……」，提供住民正面內容和態度的溝通，讓住民知道可以得到什麼，以取代說「你該去洗澡」！

同時，多數住民有財務壓力。從醫院來，需要洗髮精、牙刷。每人進住時我們要想到是否需要預備什麼？給他們進入新生活的必要資源。有些人難以正常溝通，服務提供者要提醒自己，住民處於酒精中毒等狀態，是病人。服務提供者要一起創造有意義的工作環境。今天我們做的若不當，可能打擊、破壞明天服務關係和住民生活品質！例如有位住民酒精性失智，難以維持兩分鐘記憶。他坐在輪椅，無法瞭解自己不能向前站起來走路、回家。醫師說此人無復健潛力，包含基本生活能力，他才五十二歲。我們仍請物理治療師幫助，後來可以走路！之後在街上遇見Dorte，還是喝酒，而且喝很多。他能走在街上是奇蹟，可是又開始放蕩。我們明知住民可能再墮落，但我們對待的方式就可能影響此人明天的生活。

還有人康復離開機構，幾小時後裸身在住處外，又喝醉了。在這種機構工作的人要有心理建設，人會變成怎樣就是人生的一部分。若服務提供者自己設定一套預期，很容易有崩潰風險。主管要提醒服務提供者，我們在做什麼？我們盡力，因為社會可能沒有他人照顧他們。我們盡責任，但不必認為必然要什麼結果。他們就像前面說的，如大峽谷中變化的河流。

服務提供者覺得自己做的有意義可以繼續工作，若老是認為堅持要什麼結果，很可能情緒嚴重受挫。然後可能視而不見以無奈、忽視代替熱情，不再有慈悲憐憫。所以服務提供者太重要，他們才能服務，這如一個循環。服務提供者在社會可能不是很高的地位，養成時對心態建設很關鍵，尤其服務高地位的人覺得自己有價值，服務老病殘障弱勢者卻覺得是很低下的工作。當人們問你

★ 服務提供者無力感需要主管支持。

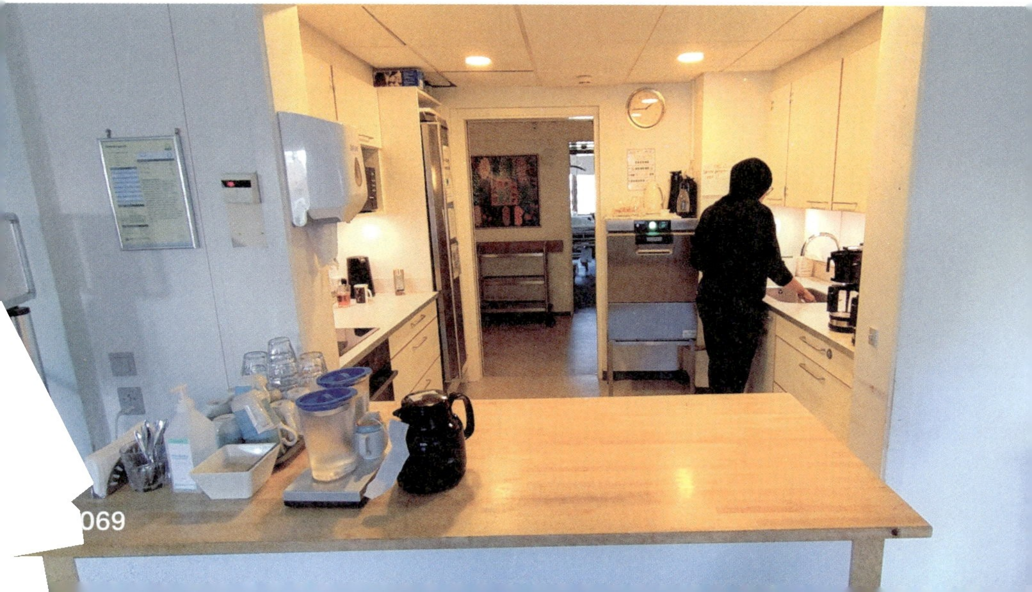

服務誰？「喔，你服務那種人……」。若大家這樣想而老師沒教好、主管無支持作為，誰要做這樣的工作？

Heidi與Dorte認為，照顧服務思想來自基督教，但與學生、服務提供者討論不要動不動就提基督教，這樣會創造疏離，好像信基督教的比較高級，這樣創造不平等的氛圍，更不容易彼此尊重。愛與慈悲關懷至少不能高抬自己，好像耶穌站在我這邊。實際上《聖經》記載耶穌醫治幫助人好幾次隨即提醒康復的人，離開後別對別人講，不期待對方回應什麼。那些來當他們門徒的，不是來要醫治與要食物的。耶穌教他們道理，多次要他們對世人行出無條件的愛。

就像耶穌對在畢士大池旁等康復機會已經三十八年的癱子（約翰福音第五章1-9節），問他要什麼？醫治他、使他行走，且直接用平等的態度說：「從此不要再犯罪」。也沒對那人要什麼，以恩典幫助他，並在過程鼓勵這人感知自己可以決定自己要成為什麼樣的人。而不是說：「現在我醫治你，你要受洗啊……」。我們不要量化到底傳福音績效如何？這在製造災難！不是要人受洗來取悅我們。我們想助人增能要盡心，讓人覺得被聽見、被看見，人可以做自己，上帝愛你，不是一開始就讓人覺得他什麼都是錯誤的。我們走近病人床前是帶平安、慈悲關懷給人，用方法、藥物、肢體語言減少痛苦與害怕，我們可能是他離世前最後來面前的人。我們的責任不是來爭取他受洗，一切倚賴上帝的恩典來幫助需要幫助的人，無論受洗還是不受洗，這不宜成為服務的目的。

Dorte 表示，平時經營和與員工互動，很少動不動就言必信仰。不過每年兩天的員工培訓，直接介紹專業價值時，會反思服務於人，到底是什麼意義？要常省思每天做的到底與我們的核心價值有什麼關係？我們不斷從住民的反應學習。例如住民曾說：「感覺很好」，因為來時看到自己的名字已經被記載。還有人來時身上還穿著醫院的病人服，我們預備好新的衣服讓他換上，讓他感覺做自己。我們預備很多的書籍，我們表達預備他們的需要，還有預備遊戲工具、編織材料，對一直喝酒的人特別重要，可以感覺成功，從酒醉之外感覺自己有價值。桌上不只有馬鈴薯泥等食物，還有花，募集桌巾、新的漂亮床單。有的人一直沒有床單可以換洗，直到來這裡才有，這些是給人尊嚴感。復健中心還提供日常用品箱，即使人失能還是有各種需要。幫他們整理頭髮、指甲，修復、美化（酗酒、藥癮、化療、性病者常有不同的指甲病變）。想想，有人把住民的髒內衣拿走而沒有嫌惡，再送回時是乾乾淨淨的，這從住民眼光看，的確增加好的感受。

★ 幫助患者重建關係很重要。

1.5 丹麥塑造慈悲關懷文化——特殊機構（下）

引言

許多人投入長照，原因常是很有商機。只有商機而忽略愛心，也可能製造傷機。若缺乏知識只是打發安撫不出人命，一位基層服務提供者描述照顧有時扭曲成「照騙」。還有一種動機在成全服務提供者投入的榮耀，這也可能讓服務使用者真正的需要與期待不易被完全滿足。希望忙碌又被現場挑戰消磨的服務提供者有慈悲憐憫，對別人的困難有感且採取行動降低別人的困難。然而，讓員工理解的方式不在於只是講述深奧的道理，而是用智慧以行動教導勸戒，讓他們看見、體會到主管有愛，並提供員工資源、方法，於實際每日工作使用。

住民即使來自問題很多的背景與環境，非常沒有安全感。有些人仍拒絕接受幫助，對服務提供者說：「你們離開吧」！我們的服務模式結構圖仍認為他們有很多需要，但也擁有自有資源。我們幫助他們看到社會提供的權利，同時重要的是他們有能力與資源。有些人甚至可以清楚表達出自己的資源，服務提供者要有這樣的認識來介入照顧，瞭解自己的角色、在做什麼。先看需求，界定要提供什麼服務，建構服務需要的能力是怎樣的能力，創造合適的跨域合作以達成。

服務提供者之間一同服務、一同面對住民、家屬。我們以住民為中心，以彈性開放創意方式合作去想什麼是最合宜的服務？服務提供者要理解住民有身體，還有心理與社交需要。員工必須一起合作，運用資源，以提供所有服務。跨專業合作追

★ 主管強調心裡有愛才能避免照顧無成就感而失望。

求慈悲關懷很重要，覺得自己不孤單，不是唯一提供服務的人（以免耗損崩潰），而是一起運用創造資源提供服務。

因為面對住民的挑戰非常多，可能不再能完全健康。沒意識到這些，服務提供者就好像河口的蘆葦，大水不斷流向大海就不斷穿越這些蘆葦。住民來來去去就像這些沖向蘆葦的河水，員工養成和在職訓練必須不斷練習合作。住民不斷自傷，服務提供者不斷幫助他們恢復健康，住民又不斷軟弱。若員工沒小組討論，難以長時間在此工作。

機構每年有員工聚會，Dorte 曾引用《聖經》創世紀，「上帝創造日夜將其分開，命名白晝黑夜」，這對我們很重要。上帝給我們字詞描述什麼是光明、喜樂、黑暗、恐怖。上帝對世界的現象命名。我們學習善用、慎用，因而促進更好的關係。上帝創造人後說：「看為好」。這提醒我們看所有住民有價值，看上帝所愛的、看重的。

耶穌對等待康復已經三十八年的癱子說：「你想痊癒嗎」？這人先前沒人幫助，耶穌這樣問不是侵犯他嗎？但耶穌的意思是透過表達互動，讓他感覺自己有資源、有能力。這也是一種慈悲關懷，而非只有給錢才是。有時服務提供者很生氣那些住民在得到服務後，沒變成像服務提供者想要的樣子。Dorte 教員工也要對自己慈悲關懷，你盡力努力帶來希望，可是你不能控制住民。員工因無成就感而放棄服務，也是一種職業安全危機。

丹麥俗語說：「即使認為不可為、沒辦法，還是要試試」。主管要提供鼓勵這樣做的工具。如同射箭，不能要求員工射中紅心卻沒給工具、方法、知識，而且是給正確的。不然就像沒鏟子還要挖洞，員工容易放棄努力。就像醫師缺藥怎麼工作？這就是訓練的目的與意義，建立面對不同處境挑戰的能力。

主管以玩具多角連結比喻跨專業合作照顧重要。

主管參與每日個案研討交班會議，要聽員工的挫折與挑戰，並給支持。這是主管創造慈悲關懷，除了傳達理念同時要做的。例如有住民拒絕就醫，員工緊張怕他們離世，主管要盡力瞭解，我們可以做什麼？叫醫師？聯繫家屬？叫警察？誰可能幫助他？主管要對員工慈悲關懷，也要提供資源，這些員工人人獨特。我們有專業服務指引，但面對挑戰沒有那麼多指引直接給方向，所以要每天討論。

我們看到服務提供者做了不恰當的事，例如綑綁住民、限制住民，不是直接罵他們，而是理解他們擔心什麼。但也要提醒，員工覺得忙又感覺人力不夠，就可能加快速度做事、用不良方式工作，仍然要守法。有些員工晚班下班回家睡覺，半夜忽然想起到底當班時有沒有給住民吃藥？打電話給大夜班的去檢查。主管要想想，如果服務沒安排好足夠時間，則主管就是在製造不好的照顧和更多疾病。不可能讓員工像奴隸一樣工作，還期待大家表現慈悲關懷。

機構的核心價值也提醒員工要聚焦發現和善用資源，自重和尊重別人。員工看到住民願意復健，要把握機會給正面回饋。住民幫助擺桌，要謝謝他們。我們和人講話要喊他的名字，以展現在乎他的存在。員工知道住民有個別獨特的資源和潛力，可以邀請住民幫助我們。我們不是全能的，例如請住民協助把書本歸位，這也是平等對待建立關係的時機，不是比住民高一等。即使住民困於酒醉，仍可能幫忙一些事情。

Dorte 在這機構重複看到住民相互協助，例如幫別人搬椅子到中庭曬太陽、抽菸，也可以是協助聖誕節裝飾，藉由各種參與而感到自我價值。同樣是忙碌、缺人，有的照顧機構效能較好，因為彼此的態度是「你要幫助我，使我更能幫助你」。彼此的溝通是「每日看到別人做的，員工相互給予正面回饋，例如感激、欣賞，甚至喊出對方名字，讓對方有感」。這可以增加彼此的自尊與自重，我們也是需要人幫助的人。用口語，彼此創造彼此為資源，資源不只硬體。使員工、住民覺得自己不只是一個肉身、物體，而是本身有能力的人！這是員工彼此照顧，彼此慈悲關懷。

如果沒有合作，難以彼此療癒。我們不問住民的意思就做事，有時形同製造暴

★ 酒、藥癮中期照顧機構休閒空間。

力！例如要看人的傷口、要幫人脫衣服，可以問「需要叫醫師嗎」？「可以協助您脫衣服嗎」？不這樣就如同把人當東西，沒有人願意被當成物品動來動去，人不是拼圖中移來移去的一塊。員工要提醒彼此，我們是做在人的身上！尤其有些人曾受過各種身心傷害，要知道為什麼住民對自己的問題視而不見或不在意？為什麼有人有傷不要我們碰？有些照顧倫理挑戰產生，正因我們能理解，我們是做於人！

由於機構住民各有不同疾病與衰弱，每天提供怎樣的活動也要費心，因為有些活動對住民形成負荷。這時，仍要靠員工合作討論，篩選當下適合的活動，增加服務者的信心去提供。

曾有員工家裡發生各樣的意外和問題，面對困難時刻，甚至沒請假或難以做決定。主管要說：「這是我的決定，請你停止工作回家處理事情」。有的員工的先生病死了，但死前表達感謝機構的主管支持太太回家。還有些員工的父母過世或危機我們幫助他們，或生小孩我們送花。這些表達主管在意的，不只住民也在意員工。

Dorte 回顧過去，「當大夜班員工打電話給我說遇見很大困難，我二話不說叫車來機構與他一起。要從各種環節讓員工看到，這是個重視慈悲關懷的機構」。而不是放著員工面對壓力卻對他們說：「你們看著辦」。主管要給員工勇氣，但主管對某些領域不夠專業的部分，主管要主動幫員工找資源，這樣彼此才不會崩潰，至少不斷嘗試這樣幫助支持員工。

當員工認為住民有問題，應該如何處理？主管問員工：「有徵詢過住民」？對住民說：「我們覺得必須如何做，您的看法如何」？

原則要用智慧應用，要徵詢，也看不同的住民能表達否？和什麼主題？若住民說計畫想自殺，我們要找尋心理評估支持資源，因為超過我們的專業能力，但同時可以用良善方式提醒勸阻。若有人覺得活下去不再有價值，我們看狀況，也許我們可問問他們睡的、吃的如何？瞭解初步情形以便轉告醫師(有些人出現拒食等行為)。

員工累積生活經驗，彼此學習如何維持健康，懂得對別人、對自己慈悲關懷。Dorte說：「我曾面對機構能否維繫的艱難處境。董事長也問我們他可以做什麼？我說需要離開現場安靜一下。董事長付費讓我每年有十四天離開職場去休養復原，感覺風吹、自然環境的美好，學習聆聽自己身體的聲音，或在辦公室保有多一點寧靜，能有助復原」。這類活動在教會稱「避靜」或「退修」，也是主管提供的資源。

Dorte 強調，我們是人，**不完全的人**。我們遇見困難會問為什麼？做錯什麼？不認為一切只是意外發生。我們會問活著的意義是什麼？在這裡、這世界做什麼？有人認為自己的目的是要當藝術家。我們的服務是透過溝通，使人感覺活下去的意義。當人遇見很多困擾，我們以彼此慈悲憐憫來支持面對。尤其成長於不幸的人，有存在疑惑和心理問題。有的人煩惱再也回不了家或家裡空無一物，產生內心痛苦和存在危機且一直持續。Dorte 會同理然後說：「也許每晚睡前回想以前在家的事表達感謝，聚焦一些快樂的過去」。

Dorte 表示，通常旅行時買些紀念幣，對住民說：「你可以拿著這個」。用些小東西提醒自己形成儀式，感覺到有人幫助，這不必須直接與基督教有關。有些人不是基督徒，可以用其他東西引導走入個人的信仰，找尋存在與平安得到力量，記得曾與他相處對話而想到有希望。這不是什麼靈異神奇活動，而是人與人相處的方式。訓練員工和經營機構時，我們要認識自己是會失敗的人，總要創造機會來彼此慈悲關懷。

這種對待帶來盼望，是許多服務提供者希望追求的，也是國內國健署看到社會需要，於二〇二二年開始倡議推廣，二〇二四年接連發生的社會遺憾更凸顯必要。不只在安養機構，而是連社區照顧也一樣需要，包含職業照顧，也包含非職業照顧。有人看到

★ 有時小東西可以輔助人記得別人幫助。

照顧服務壓力和福利不足，因而勉勵服務提供者以「積功德」自處，引起社會議論。其實，慈悲關懷與積功德不同，因為不求回報也不是為自己積功德。但慈悲關懷並非服務提供者毫不顧自己，而是主管與同事相互支持，彼此視為共同體，靠超越自己的力量來面對挑戰。但究竟這個力量哪裡來？是每一位服務者要面對的課題。

1.6 丹麥心智障成人運動學校

引言

追求健康平等是許多民主社會的共同目標。但健康平等的面向很多，不只看病看得起，還有人人同享預防資源。一九九四年丹麥本於這種理念創設心智障礙者運動學校，專門幫助走出中小學特殊教育體制後的成年人。以運動出發，融合營養、生活自理、表達、合作等學習。隨著醫療進步，心智障礙者越活越老。要支持他們發展所長，維持生活品質，不只更完備的長期照顧，而是及早有完整連續性的預防照顧。這種尊重弱勢者權益的創新教育且能持續，正是例子。

丹麥哥本哈根有個多功能活動園區，裡面有各式各樣的運動場地與團體，甚至還有繪畫教室等相對靜態的活動場所。[20] 這個北歐最大的活動園區的角落之處有世界上罕見的心智障礙成人運動學校。[21] 不論天多冷，這裡總是傳出笑聲，在室內、戶外一起活動。學員來這裡可以安全的做自己，沒有人使喚他們。接觸的是喜歡的，而不是被要求團體一起的。

接觸緣起

筆者注意到這所學校，一方面受惠於丹麥有非常廣的通路，推廣不同族群的社會參與和健康促進活動。在圖書館、健身房等公共場所很容易看得到這所學校的宣傳冊。

另一方面是因為筆者在國內採訪三十年，接觸許多身心障議題發現，我國心智障礙者在正規教育階段有各種學校承擔教育、社交和發展工作。但是心智障礙者成年後除了一部分民眾可能去社政小作所，還有許多人幾乎孤立在家或住在安養機構，缺乏社交與正向積極的刺激發展機會很可惜。所以發現丹麥居然有專門提供他們的成年運動學校，非常希望瞭解如何運作。

根據丹麥《服務法》第 104 條，體育學校為來自所有城市的發展障礙成人學生，提供白天九點至十四點的獨立教育。

這所私立學校從一九九四年開始，原始地點不在現址，自從遷到現址，就地利之便得以享受大型運動場地，也更達到鼓勵心智障礙者融合社會的目的，創立迄今有近千名學員。

在丹麥，心智障礙者成年後領有補助金，他們用補助金來就學，有一部分學員來自地區的政府支持他們交通費用。多半學員自己來上學，有一部分需要小型巴士接送。來學校學習後，有些學員的生活能力進步到可以獨立來學校，這正是學校和地方政府希望看到的。

設校理念

一如許多北歐成人教育學府，把「人觀」視為營運的前提。學校網站對於如何看待「人」與心智障礙者有清楚的論述：「將人類視為一個獨特的、行動的自我，影響環境並受環境影響。我們相信人際關係對於個人及其發展至關重要。我們希望所有學生都能承擔責任，為體育教育及其周圍創建的社區做出積極貢獻，這對於每個人的福祉、學習

20 https://grondalmulticenter.kk.dk/
21 https://idraetsskolen.net/

和改變至關重要。對我們來說，人與人之間的會面以對話和尊嚴以及相互尊重、平等、包容和信任為特徵，這是核心和自然的」。

學校設立目的以運動為活動主軸，進而搭配多樣室內、戶外活動。學校認為，身體、動作和感覺是學生發展的中心。受身體現象學方法的啟發，我們向這樣一種觀點致敬，即所有行為在被認知體驗和認知之前都是透過身體感知的。該校學生的共同點是他們在認知過程上有困難，正是由於這個原因，感覺對於行動、經驗和認知的重要性，對於體校的所有人來說變得很有趣。你可以說，透過積極運用身體和

★ 支持戶外活動和從戲劇學表達的器材。

感官，我們走上了智力和思維的捷徑，從而實現了個人能力的多方面發展。無論每個學生的起點如何，目標和希望是所有學生透過在體育學校的學習，能增加自己的行動選擇，也讓他們意識到這些行動的選擇。換句話說，意識到他們的實際能力。

鼓勵學員按著自己的興趣期待，再由老師與之訂定個別發展目標與計畫，執行於學校。除各種競技運動與健身運動，還有戲劇、露營、登山、海上運動等。其中戲劇課自己設計戲劇，用肢體語言表達生命故事、表達情感、紓解壓力，很有特色。

學校網站對學校的營運價值觀有如下的說明：「受到賦權理念的啟發，其目的是讓學生個體增加自己的資源，強化自我形象並培養技能，以便能夠在更大程度上代表自己採取行動，這提高了學生的整體生活技能」。

運動學校的學生每天都依賴他人的支持和幫助。這正是為什麼學校相信（不斷增長的）對自己生活的控制感和意義對於體驗獨立、幸福和生活品質極為有價值。這種想法意味著，在體校關注學生的願望、需求和能力，尊重個人的出發點的情況下，將學生置於積極主動的角色中。這樣，學生們感受到了學校對他們的信任和期望，同時也獲得了購物體驗，感受到了責任，在自己的生活中體驗了購物的樂趣。

運動學校努力為每個學生提供在安全環境中體驗自由和發展的機會，並將體育場館視為一個特別適合給予個人賦權體驗的場所。

組織概況

學校學員從十八歲到六十七歲都有，全校有大約五十位學生。二十多年前入學者唐氏症者不少，但如今因產前檢測與多種原因而降低比例到四分之一，其他有各種不同障別者。接受入學必須學員可以基本生活自理，不強烈敏感排斥團體互動者。學員中有兩名選為董事，以強化決策參與。

★ 情緒支持非常重要。

以一年期的安排方式運作。每年大約一半是入學一年後還想繼續來的學員，另一半是新學員。十一位老師都有運動專長背景，大學畢業，都不是特殊教育、幼教背景。校長希望不同，因為學員在成長過程已經面對很多幼教、特教者，而且成年後需要學習的生活能力和幼年也有很多不同，例如買菜、趕公車、獨立旅遊、在大企業工作。

除了老師，還有四位先前結業的同學擔任助教，他們特別容易有同理心來支持後進，知道怎麼和學生溝通，學生看到助教也相信自己可以做些事。每位同學都有一位輔導老師，以便諮詢和支持。老師會與學員來自的地方政府社政單位協同，這是很好的整合照顧。

課程特色

配合理念和學員需要，校園請設計公司專門調整。在走廊裡，建立了一條色彩繽紛的跑道，與巨型圖形和圖標設計一起，引導和幫助學生在建築物周圍行走。這個概念包括從公共區域、餐廳、休息室、學生休息室、辦公室、自習室等的裝飾。[22]

學校非常看重透過學習，學員能直接或轉化所學迎接生活中新挑戰，得到交友、減肥多種效能。體型更強壯，能瞭解新的運動。透過體育教學，彼此幫助有發展機會。

課程以四個核心領域構成：一為身體方面，獲得不同活動經驗，積極追求健康，增強發展身體功能。二為心理方面，增強自己能力的信心，渴望勇於接受新的挑戰，加強對行動反應和選擇判斷能力。三為社會方面，開拓建立友誼機會，擴大自己包容能力，感覺屬於社會。四為體育文化方面，可以做為觀眾獲得體育體驗，在協會和城市空間中獲

★ 夏天戶外運動。

得體育知識。無論是做為課堂參與者還是競賽的參與者，都是運動員。

學校採用國際通用的適應性體育活動為課程發展依據，丹麥語稱為Tilpasset Idræt og Bevegelse。以下摘錄官網：

當體育本身就是一個目標時，它就是在此時此地創造一個有意義的教學和學校日。透過為體育本身的品質留出空間，例如運動的樂趣、社區意識、興奮以及技能發展和掌握的經驗，我們為學

22 https://www.tandfonline.com/eprint/GDFWTNVCN3SUT6QSZCIE/full?target=10.1080/17430437.2022.2097072

★ 冬天戶外運動。沒有不適合外出的天氣，只有不適合外出的服裝。

生創造日常動力提供了良好的條件。這種動機對於能夠長期成功地將體育做為發展和變革的手段至關重要。

體育界的優勢在於，憑藉其固定的規則和透明的結構，它可以被視為更大社會中的「迷你社會」。一個可以在安全且易於管理的環境中體驗、重複和學習社會規則和禮儀的地方。在這個地方，身體而不是認知思考才是表現和學習的中心。

學生在體育空間中體驗和建立的身體、心理、社會和體育文化能力，首先使他們在日常教學和學校教育中受益。同時，這些體驗也為運動的樂趣和終身參與運動創造了肥沃的土壤。

但這些技能在許多方面都可以轉移到學生的其他生活中，因此運動和學習也會對獨立、生活能力和幸福感的整體體驗產生積極影響。換句話說，體育本身成為發展和改變的手段。

發展潛力融入職業本身的實踐中，融入運動本身。所以不能只是閱讀或談論身體和運動經驗，必須透過身體、心理和社會行動空間中的運動來身體體驗，這就是體育的偉大力量。

營運流程

每年六月招生面談，八月底開學到第二年六月告一段落。兩學期，每週一到週五上午九點到下午兩點放學。流程如左：

9:00	到達和換衣
9:20	共同的晨間聚會和晨歌
9:45	體育課（含半小時的休息時間和早餐）
12:00	沐浴和更衣
13:00	共享午餐和咖啡或茶
14:00	返家

★ 預先讓學員知道作息表以學習生活常規。

他們的專注力、體力有限，加上北歐冬天早天黑，因而有這樣的作息時間。為什麼是一年一期而不是兩、三個月或好幾年？校長 Søren Stenkilde 解釋，太短時間難以達成學習和互動效果；太長可能對有些人造成負擔。學校不會阻止想來的人繼續上學，但能夠身心進步，進而在白天去工作，也是學校樂見。

每週三是共同時間，其他日子依照學生所屬的學習主題團體而帶到不同場所活動。每個月輪換主題一次。同學還有與課程聚集學習不同的小團體，幫助大家增加互動與支持。

★ 鼓勵學員表達才能增加社會參與能力。

學校裡能想得到的運動都有，包含武術。另外還教解剖學、健康飲食、生理學。關於戶外活動，從在園區跳舞到出國滑雪都有。每週有基礎訓練，變得更靈活、更快、更強，以便逐漸能短途旅行進而體驗更多以前比較困難的生活樂趣。

來這裡之前不需要以前擅長運動。透過感覺安全、感覺舒服的學習環境與經驗，幫助大家更有能力與社會中的人群和資源互動，透過這樣方式，得到最接近一般人的生活價值與尊嚴。

營運成果

自二〇一九學年開始，體育學院與哥本哈根大學運動與營養系的研究人員合作進行「發育障礙人士的運動、生活技能和健康研究計畫」。該計畫的目標是闡明長期和包容性的體育教育如何促進學生的健康和福祉，重點是參與有意義的社區。如標題所示，該計畫是跨學科的，採取整體方法，並使用自然科學和人文社會科學的方法。選擇這種多學科性正是為了能夠闡明「生活技能」概念的所有細微差別，其中涵蓋了迎接和應對個人每天面臨的挑戰的能力。這些挑戰本質上可以是個人的、社會的和身體的，因此這些領域能力的提升將導致生活能力的提升。

利用自然科學的方法，例如攝氧量測試、身體掃描、血液測試、力量和平衡測試，讓我們瞭解學生的身體健康和技能的發展。對體校學生、親屬和老師的採訪，以及對體校日常生活的定性觀察，將描繪出學生在校期間個人和社交技能的發展情況。

哥本哈根大學的研究人員預計，在心智障礙成人運動學校的學習將提高學生的生活技能，這都是因為學生進行的體育活動量增加了。但也很大程度歸功於體校與學生合作的方式，以及學校以體育為工具，對學生個人和社會發展的關注。在哥本哈根大學的網站上瞭解有關該計畫的更多資訊。[23]

NOTE

丹麥另有 KIFU 夜間的心智障礙運動俱樂部[24]提供白天要工作的心智障礙者去運動和社交，也有類似效果。

校長分享

校長認為丹麥已經提供心智障礙者發展的選擇，但要培養選擇的能力，而不是別人決定。對於有發展障礙的成年人來說，要走向真正的、賦予能力的教育。它可以是做為警衛、服務人員、園丁、清潔助理、體育館、游泳池或體育場的實用助理、油漆工、自行車修理工或其他許多人的培訓。

校長相信，患有發展障礙的成年人通常擁有比許多人（以及他們自己）想像的更多的技能和發展機會。就在它成為不易討論的話題之前，但校長認為許多患有發展障礙的人可能過著過度保護的生活，他們得到的幫助有點太多。如果有人不知道如何綁鞋帶或穿鞋，幾乎總是可以找到樂於助人的協助者。當他們必須打掃、購物、去銀行時，他們可能變成都由別人代工。

---

23 https://www.medrxiv.org/content/10.1101/2022.05.17.22272069v1

24 https://www.kifu.dk/

現在，校長認為他們並不是都可以自己管理，但是在一個安全、有序的框架下，他們有很大的發展潛力。發展障礙人士的發展當然不會受到阻礙，他們可以做很多事情，只要他們被允許展示、嘗試、敢於嘗試，就像學生那樣，在體校的體育課上做到這一點。許多公司、學校、機構和組織都將受益於雇用和培訓發展障礙人士，對各方都大有裨益。已經有一家 IT 公司 The Specialists，雇用自閉症患者和亞斯伯格症患者，而且在許多其他行業和工作領域，將為那些有勇氣承擔責任的發展障礙人士提供工作和培訓機會新的挑戰，以及那些想要穩定、冷靜、徹底和可靠的員工隊伍的公司。

校長從學校創立一路參與經營到現在，很有感觸。當校長四處參觀為發展障礙成年人設立受保護的工場、學校、俱樂部和住所時，就好像他們中的許多人生活和移動在一個稍微封閉和受保護的平行世界中。校長在研討會上遇到的人，與稍後在俱樂部，和晚上在居住地附近遇到的發展障礙者是一樣的。他們像「螞蟻的足跡」一樣行走，沿著人們走過的路走。我們其他許多人也這樣做，但發展障礙人士這樣做的程度可能比其他人更大，而且他們中的一些人經常一起乘坐小巴從一個地方到另一個地方。

實際上，他們的一天充滿了雜務，他們整天忙碌，並且在很多方面都做得很好，但正如校長所說，他們可能並不總是忙於自己選擇的事情，也許並不總是忙於什麼，他們更願意這樣做。在此背景下，校長認為在該領域有更多的選擇和更多的競爭是件好事，以便為發展障礙成年人提供廣泛的教學、培訓、工作和其他就業和活動，無論是將公共部門視為私人領地，為了各方的愉悅和利益。

透過這種方式，校長認為許多人將能夠走出他們在某種程度上受到保護的、可預測的世界，走出來面對這個偉大世界的挑戰和考驗，以及它所帶來的選擇、後果和發展機會。這對每個人來說都是不可能的，校長很清楚這一點，但也許對比你想像的更多的人來說，這是可能的。

結語

越來越多新研究和實際教學累積的經驗可見，以往被認為發展有限的心智障礙者，其實某些方面的真實潛力可能比評估者想像的要高。而他們的期望和對人生的期待也有很多是在服務提供者與他們熟識之後才發現。因為許多人多年被看成什麼都不行，也失去對人表達的信心與耐心。

這個學校的真實場景可見，在適當的環境、氛圍與互動方式，可以啟動（activate）潛力，參與、享受、探索新人生。他們最終的美好人生多半希望能參與社會，能有貢獻，成為有成就感、有生產力、能被理解、也理解別人、包容別人的公民。

也許有些人認為，這學校就幾十學員，幾十年也才不過千人。或許要想想，如果沒有人倡議支持這樣的學校，則成年心智障礙者的生活如何？有本芬蘭的服務課本 *Diakonian käsikirja* 提到，心智障礙者本身和他的家庭成員會減少社會參與的機會，進而導致缺乏資訊、生活疏離等對身心不利的生活處境。家長到老比一般人更多煩惱焦慮。從這角度看，這學校不折不扣提供終身學習，幫助學員也幫助家庭，無價的貢獻！

展望未來，可能幫助他們有發展，重要的不只老是評估他們，尤其避免只是問一問，更要重視評估者和服務提供者自己的眼界，才能讓這兩種關係人的助力與機會真的發揮出來，支持心智障礙者不斷突破限制，開創多贏人生。

背景補充說明

北歐各國非常重視平等包容思維來看待各種失能、失智者。所以一般人享有運動樂趣與機會，很自然心智障礙者該怎麼讓他們也能享有，也不斷開發創新。不以資本主義或集權主義看這些人是生產力低或者市場佔有率低的族群而放棄發展，例如丹麥有很多盤點全國所有心智障礙者，可以去的運動休閒場所和內容為特殊運動的各區域指南手冊。

[25]我國衛福部國健署近年一直希望逐步建構「社交處方」搭配「樞紐計畫」和老年失能檢測預防（ICOPE），讓我們的老化與失能化減緩，而大家能有更長健康餘命。其實對先天心智障礙者來說，這特殊運動指南正是類似願景下的產物。筆者在丹麥現場所見，指南並非只是印出來的績效成品，而是可以真的去這些地方沒有繁瑣的程序，很容易的參與。這裡的國民也很愛惜公物和考慮別人的使用機會，這讓政策與資源想到貫徹的連續性，比較容易達到效益。換個方式說，心智障礙者到哪裡都不覺得自己很特別。

25 https://specialsport.dk/guider/

另外，在芬蘭有家庭貧困心智障礙孩子曾經喜歡當地一些運動，家長經濟無能力支持孩子享有這些。透過教會專為被制度忽略或不及的人們保護生活尊嚴的部門，找到一非營利組織把需求資訊送去。該組織二話不說就提供這孩子一年的參與活動經費來支持。也許有的國家認為吃飯都有困難了還談運動休閒娛樂？可是這裡看人的價值與需要，和對發展的影響，採取因應的態度與方法如上。當社會不同的人可以得到生活尊嚴、自我價值、存在意義的自信，能參與社會，其實世世代代多面性影響是很可觀的。這些社會中很細、很不起眼的故事，正反映了人們從信仰而來的價值觀！這不是包容，什麼是包容？

1.7 勿忘他們——視覺障礙者體測與延緩失能

引言

重視包容、平等的社會，只要談到有助人們身心健康的決策與資源分配，必然一次想到所有人。當人口老化，預防延緩失能重要時，當然要考慮有些身體或心智障礙的人。這並不是為了某些人或官員榮耀自己是善人，而是尊重人的權利。尤其一般健康促進宣導與執行，可能有些民眾接收有障礙，反而有可能擴大健康不平等。一般來說，健康的社會，沒有人故意創造不平等來自豪自己的優勢，然而稍微輕忽就可能產生不平等的事實。這就要靠有些注意到的人，願意一起努力維護失能者的機會。

有次在政府機關協助審查預防延緩失能計畫，發展了更進步的測試法與運動方式。筆者提出意見，希望與會者檢視這個計畫有無涵蓋到視障者能享有？當時在座者有些錯愕，本來順利的會議注意一下行政細節又符合計畫宗旨，就可以順利完成審查，怎麼有這樣的提問？

可是這樣提問好像也沒不對，怎麼辦？「預算有限、以後再研議納入」、「這不是本單位涵蓋負責的族群」、「先求有再求好」、「滾動修正」。

這是近年常見說詞。如果計畫有特定目的本來就不涵蓋視障者，當然不必挑剔。但如果是普遍性政策，何以無視或輕忽視障，甚至聽障與其他接收使用資源有困難的人？這可以「預算有限、以後再研議納入」、「這不是本單位涵蓋負責的族群」、「先求有再求好」、「滾動修正」？

筆者不放棄，會議後到處打聽，不同官員說：「這可能是別的司、署、組吧」！「這要看怎麼定義需求？算福利？還是算醫療？或者算運動？還是算勞動、教育？也可能以後算文化」？這類對話也不少見。

其實在每個社會以上的爭論或設定優先順序，導致一部分人未得到重視，或者因政策本身難以面面俱到都有可能。我們沒有人是完人，但如果基礎教育有種理念，傳達了我們要不斷尋找被忽略的人，包含政策制度難以涵蓋的人之需要，為受到不公不義待遇的人維護權益，則我們更容易一起努力，促成更多人得到生活支持。這正是無數官員、學者、業者不斷前往他國考察人性照顧，看到先進機器之外，他國接待者可能視為普通而未必強調的潛藏社會共識價值。

筆者感謝許多先進用他們的行動展現上述服務價值，耳濡目染總覺得延緩失能推廣，宜多留意參與障礙的特殊族群。其實也只有這樣，國家總體失能上升曲線和急速攀升的醫療照顧費用才能降速，達到政策願景。

有了這些思維，一時又弄不清楚到底哪個部門統籌規劃視障者預防延緩失能，再加上多年觀察國內視障按摩朋友們逐漸老了。的確，他們要用一般運動方式延長工作能力和延緩老化更不容易，所以還是想努力看看有何一些機會與方法。

★ 明眼人的健促運動改由視障者參與，如何到位需要輔導者耐心幫助。教會服務者鄭智宏引導視障者運動。

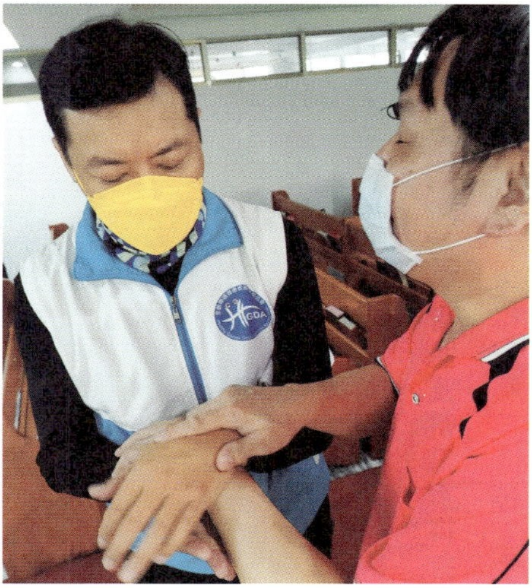

在芬蘭、挪威、丹麥，這不是問題。甚至看到完全視障者獨行去健身房，那是因為一路基礎建設到位，加上政策沒有忘記他們。可是我們社會還有段距離，有待探索更適切的方式。

想到北歐照顧文獻（參閱劉侃翻譯《服侍善工》）所說，「相信事情是可以改變的，事情改變可以從我開始」。所以繼續努力，設計思考的知識提醒我們，別太快下定論，更不是預先就是為了推銷商品而設定答案。真的以人為本，從對方的觀點看需要，則一方面要瞭解到底現況如何？相關關係人的看法如何？然後還有收集文獻與現場觀察。

很幸運的，遇見分屬不同教會的鄭智宏先生與巫奉約先生也對這事有興趣。鄭先生曾在南非服務，他分享當地甚至有全盲的記者到處採訪而採訪過他的紡織廠，目前他投入長照服務。巫先生的尊翁巫士椀牧師夫婦投入視障服務多年，父子仍繼續設想回應時代的需要如何滿足。這時筆者正好被邀去擔任視障基金會董事，有些相關人脈。於是開始服務開發探索歷程，為的是本於公民之責，盼望協助政府，鼓勵官員與民間一起維護視障者延緩失能的權益。

也許有人說視障者不是都可以跑馬拉松了，還有什麼好研究？要知道，稀有特別的容易上新聞。新發展都值得喝采，但不是所有中高齡視障者都能跑馬拉松或喜歡馬拉松。我們一方面可以說這就看他們個人吧！可是當收取納稅人的錢所發起的公共政策，且目的是普及廣泛強化預防延緩失能時，我們就應重視不能忘記各種族群的人，尤其有困難不容易取得資源又需要的人。

透過以上幾位支持，筆者與鄭先生、巫先生先到中山北路按摩店，實際觀察中高齡業者工作流程、環境並聽他們的想法，而且把政府開始大推的預防延緩失能檢測拿來試用，看視障者能順利執行多少？全部整體執行才完整的話，哪些項目與方式有障礙？不要只看到障礙，也與他們一起討論如何克服。因為他們參與，才更接近現實且更可行，而以後配合執行的動機更強。

測試後發現測試場地、測試器材，如何與受測者溝通，引導他們受測，但最大程度不失真，可以有些方法。更重要的是，看到過去許多社區體檢測試測完就結束了，因經費、時間與受測者許多是來領贈品，並非真的意識認同預防延緩失能重要。往往大合照告一段落，政績有了可是後續成效不一。所以這回最好先傾聽大家的看法，再用知識與政策說明，徵詢鼓勵大家的意願，感受參與的價值。

同時研議出讓受測者安全有效的受測法，與後續個別化或可以小團體執行預防延緩失能計畫性活動的場地、方式，與需要幫助他們的人員要多少，怎麼幫助？例如拿手杖測來回走可以嗎？答案是平時他怎麼走就按照平時方式。測試時可能越走越歪，要是有人扶是否影響數據？怎麼扶干擾最低？或有其他替代方式？甚至有沒有視障朋友特別需要的測試，與對應的功能維持活動？這些都可能需要金錢資源與非金錢資源，例如場

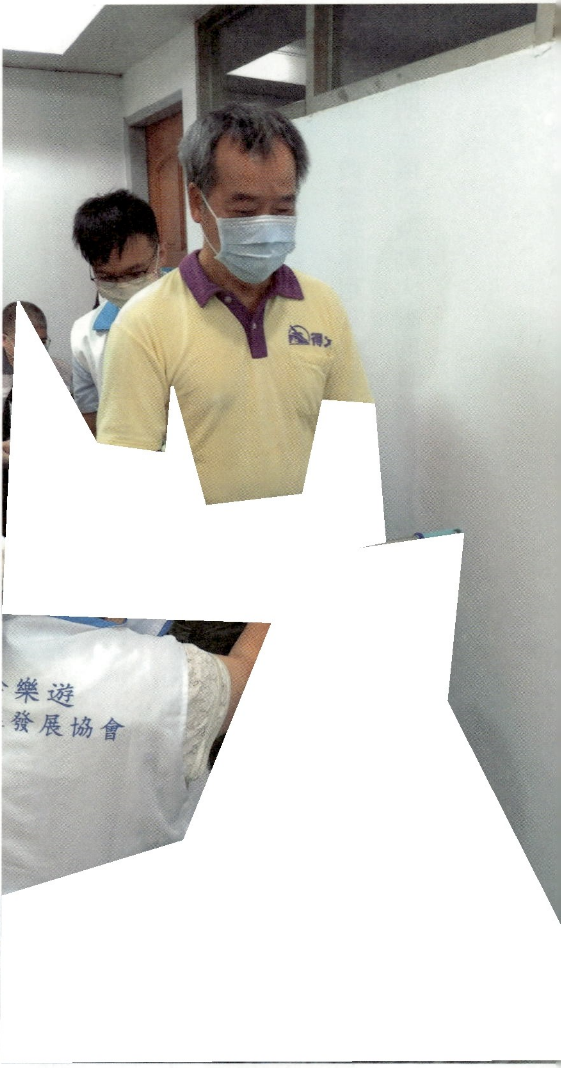

★ 基本體測與運動遇見視障者需要有心又專業的人轉化為視障者能參與。

地、志工與其他專家等。

就這樣，一步步找到有影響力的視障者，他又找來有興趣的視障朋友，最後又找到一間教堂願意提供使用，就這樣完成測試，包含身體組成、平衡、上下肢肌力、心肺能力、上下肢柔軟度、動態平衡與敏捷力。有些視障朋友直到參加測試才第一次做過這些動作，因為平時很少有機會在視覺障礙條件下經驗這些測試，這意味著都是新的體驗，幫助大家意識到固定大量重複的按摩工作，未必表示足夠的全身運動。

之後有每週一次共十三次體能活動。每次他們相約，靠著手機語音系統和一人搭一人的肩膀，由視覺障礙相對最輕者（其實也只看見微弱影像），四人、五人成一路，跨過車輛密集且有些逆向的人群，要彼此適應步調並穿越起伏的街道，再由巫先生等人到一樓電梯門口等著接待來參與活動。

最後一次配合運動的音樂部分，還請到很久沒出門的視障者來現場彈鋼琴，配合運動節奏與重心。這活動同時創造這位久未出門者，一次新的生活價值與意義。看不見，憑聽覺配合指導老師帶活動。從中可見，這種搭配要忽然一起而順利不容易。倘若事前商量規劃妥當，則仍然可以減少障礙，而不需要因臨場溝通讓大家等。

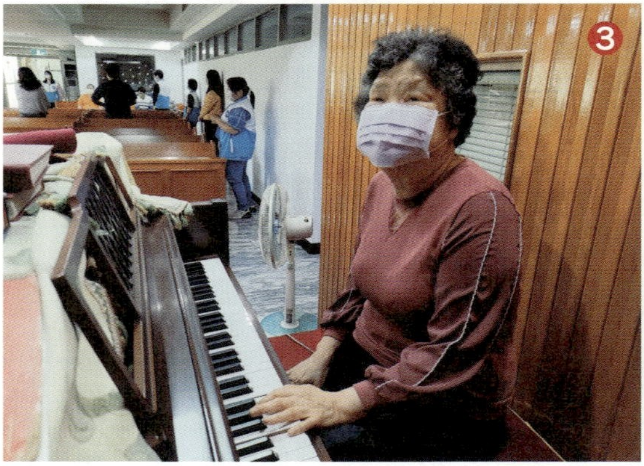

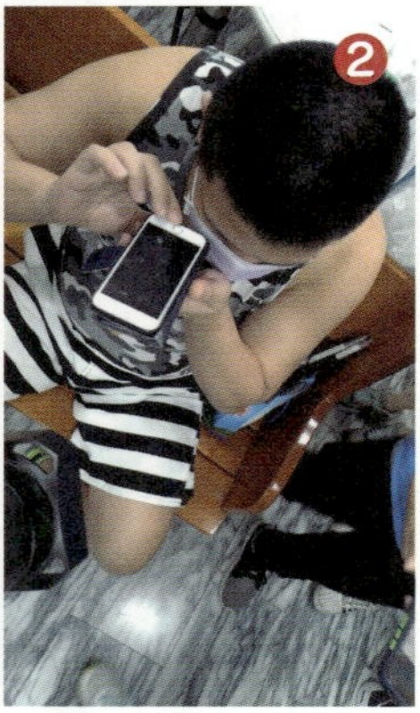

❶ 視障者彼此幫助互相搭肩膀在臺北車流中一起去運動，由只剩一點視力的領頭。

❷ 視障者教明眼教練如何使用手機，以便視障者回家可以複習運動。

❸ 視障運動請全盲者彈琴配合。

回顧每次活動發現，有些姿勢可能視障者光用聽的，未必順利做得出標準動作與過程正確。若不標準難以達到效果，這時就需要志工用視障者能理解的方式提醒，讓學員去感覺體會。

這也看到，不能一次太多人，不然就算志工多，一起講話雜音造成不容易聽清楚，反而好累又挫折。而且志工人人表達方式不同，要想想怎麼描述加觸覺，能協助對方明白。後來有些指導老師將動作表達指令，與視障者討論出他們能接受的節奏與清晰的口齒製作錄音檔，以便大家回家可以複習。

經測試，所有人都能看到他們的柔軟度等比先前要改善。因為平時大都從事固定動作的工作，而不太容易有其他身體部位的協調鍛鍊。

很高興的是，後來政府主責官員願意一起到場瞭解而且參與過程。至少大家一起看到如何支持視障者，也可以採用政府推廣的預防延緩失能活動而且能執行得了。

活動之後大家一起到高齡學員家中喝茶才更看到，有的夫婦視障，卻自己買菜、洗菜、燒水、澆花，養活孩子與孫子，真是不容易。他們的確可以受惠定期群聚客製化運動，強化基本生活能力。

這只是時代中的曇花一現、因人設事，然後不了了之？還是啟發了公部門主責者未來更注意到視障者，也相信這可行？這還需要時間。因為視為理所當然的想到各種弱勢族群，並不是我們社會從小考試忙著打敗別人的思維下重視的生活層面。甚至有人特別重視，還可能被別人懷疑是不是因為他家有視障或很多家人視覺障礙。

幾乎在歐洲許多國家，接觸預防延緩失能的決策者與執行者都不難聽到他們說，決策不只從錢的效益看價值，雖然幫助人可以節約多少公共醫療支出的確非常重要，但還有公共支出，可以從維護人的尊嚴價值來看意義。事實上，更多人感覺社會是安全的，能夠參與，被顧念支持，則更多人可能投入生產創造與利他生活方式，總體而言也是社會競爭力與動能。

我國稅收較他國不算很高，或許難以去比較高稅收國家提供的預防延緩失能布局與服務。但是人人有創意，若加上總不忘記別人，則可就現實條件與需要，不斷找出更可行的方案。而且別忘了，有先天視覺障礙者，隨人口老化，還有越來越多後天視覺障礙者。我們一樣要考慮支持他們生活不脫離社會，能發揮所長。這樣來計算，這群人口不是很少很少！

例如國內現在有上千老人活動據點，許多據點都有若干視覺障礙者。據點所在社區，可能有些因為視覺退化而未能享有或不願出門者，單一據點也許有三、四位視障者，混在視覺正常的人一起活動。如果據點秉持人人都要有能力接待視覺障礙者的期待，加上活動之前預備，包含從家到據點動線的所有挑戰和據點內的所有視覺友善，則更多視障者可以參與而享有政府資源。

★ 衛福部國健署官員一起來觀察此方案並體會視障預防延緩失能，以便未來政策更平等幫助不同族群。

其次，或許也可以考慮地理位置相鄰接的地區，可以定期讓視覺障礙者一起，變成全部參與者都是視覺障礙者的活動，也是改善現況方式。

巫先生等人後來仍在繼續支持視障者預防延緩失能活動，從一個教會搬到另一教會。從有影響力的視障者一起參與，找到可以長期使用的場地和活動方式。他認為或許我們國家稅收不高，難以支持全面視障者預防延緩失能發展，但至少可以從使用者旅程考慮，一部分很關鍵影響視障者參與的服務提供者（視覺障礙助理）入手，讓活動設計透過創意和本於原始目的，盡量減少志工人數就可執行。同時，少數參與協助的人的確受過良好的訓練來配合，不能想得太簡單，只是派人就行。

看看臺灣各地捷運站與高鐵站已經有一對一且細緻完整的視障者上下車協助方式，就知道我們社會在進步。這是基於政策執行者認同一對一陪伴（有人從純經濟說「賠上」），所以才發展出這樣的服務。如果交通部門已經願意且不認為浪費，則主管預防延緩失能活動的相關單位，應也可再設想不同族群如何享有？到底哪些環節是參與的障礙，也就是設計思考說的痛點。至少公部門再發動新的預防延緩失能計畫，花不少經費於揭牌剪綵之餘，總可慢慢的不忘記所有族群，連結相關關係人（含其他公部門主責者與承辦者），將非高稅收的有限資源，再做更公平有效能的分配來投入推廣。這才可能更有效管控老化曲線，讓老化最快、少子最嚴重的國家翻轉命運，人人享有資源與尊嚴，追求生活品質與生命價值。

尾聲

這事以後，筆者擔任居服員，曾多次協助視障者就醫和外出運動。有次去醫院照肩膀超音波，這就看到有學習如何溝通，更能幫助視障患者做出正確的手臂旋轉移位姿勢來幫助患者配合醫師，以及哪些時候不用講太多，倒是要多注意聽視障者想表達什麼，和他覺得如何配合他比較適當。然後我們再觀察哪些他忽略之處而徵詢，與他討論補強。甚至我們的手臂讓他們扶，我們要抬多高都可能與他想的不一樣，最好聽他的。這樣他才能持續平衡前進，而不因我們的幫助更不平衡產生摔倒風險與心理不安。

MEMO

2

鋪陳（平臺）

2.1 芬蘭中高齡就業體能測試

2.2 挪威延長就業壽命知識中心

2.3 挪威退休準備「工作後」課程

2.4 挪威失智者繼續教育學校

2.5 丹麥慢性病自主管理策略

2.6 丹麥支持在家老化 —— 輔具服務

2.7 丹麥支持在家老化 —— 輔具研發

2.1 芬蘭中高齡就業體能測試

引言

由於社會結構變化，中年轉業和延長就業年齡的人增加，其中有些投入照顧服務業等相當要求維持體能，才能有職安和維護服務使用者安全。而且因為就業單位與求職者時間都有限，所以需評估工作特性及過去統計主要項目，精簡成關鍵性、代表性項目與量測方法。這樣才能避免拿命換錢變成拿錢換命，也就是因就業者有賺錢需求，蒙騙或不知道自己體能狀況，導致意外或不可逆傷害。

國內通過《中高齡就業服務法》後，繼續倡議推動提升中高齡就業參與率。但怎麼過濾體能？過去投注資源的效益和過程可見，有些體能測試象徵性，還有的尚待發展。芬蘭投入有年，來保護人力資源。

中高齡就業最好確認員工體能適合，但如何確認？誰來研發？勞政、衛政、教育，還是其他部門？國內經常難解。芬蘭有個與政府機關往來密切的運動研究組織 UKK，[1] 這是紀念任職達二十六年、非常懂得與俄國打交道維護國家安全的前總統 Urho Kelava Kekkonen 命名。

內有四十多位研究人員來自健康、社會、經濟、體育、人文等背景，守望芬蘭人體能和運動傷害，並非常有效的貫徹全國，推廣體能維持的最新研究與預防方法。UKK 與大學醫學系所承擔研究到底哪些疾病普及或潛在問題多，包含不同年齡、行業與地區。其中一部分投入中高齡運動與就業研究，也非常重視可靠性。早已發展許多測試方法，目前覺得太多了，努力縮減整合。

安妮卡博士在 UKK 多年，她主責下背與工作相關研究。在芬蘭，凡是因失能而提早退休者，最多數因為下背痛。這個疾病其實在世界著名期刊 *Lancet* 研究，常被看到列為世界上不會立刻死亡但最難受的疼痛疾病，而且持續發表研究，可見問題嚴重需要探討。[2] 預估二〇五〇年全球超過八億人有下背痛困擾。

1 https://ukkinstituutti.fi/

安妮卡說：「以行業看，尤其護理師、照服員下背痛最多」。值得注意的是不只因為搬運還有多種原因，其中之一是心理原因，包含病人離世、工作面對許多悲傷憂愁累積呈現於下背痛。她還在繼續進一步測試，包含肌肉、骨骼、膝蓋、手腕、手部等與背景因素影響，希望隨社會變化，更多行業與族群風險能預防。

例如護理師走路走的很多，Tampere 大學測試護理師當班八小時平均走五千到六千公尺，而且未必只是空手。他們若體能不好，回家時很多人已經疲憊不堪，無法再從事休閒或劇烈運動來放鬆或恢復疲勞，常常直接躺在沙發上不起。以後高齡就業多，因

★ 腹背肌力都影響工作能力與職安。

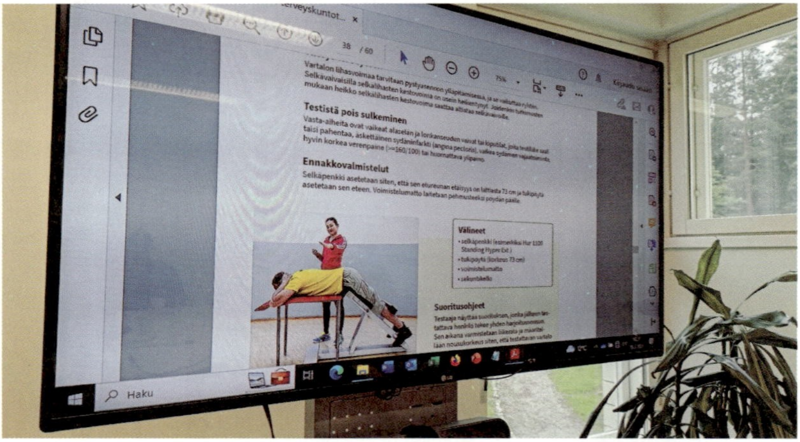

身體老化不再如年輕，類似挑戰更複雜，而且可能連鎖導致其他身心疾病。

安妮卡同事杜蕾主責老人運動與體能維持研究。她補充說：「我們常推廣運動有益健康，有些工作場合的『運動』，其實是工作動作，可能是重複某些動作，或單向或單邊使力或過度使用，和一般放鬆、定期間歇、身體全面和不同樣貌運動，搭配休息帶來健康不同」。而運動常一直換動作和部位出力或休息，這啟發我們思考所有中高齡行業，例如騎機車送貨，長時間跑，卻不表示運動量夠，還固定於一個姿勢很久，還有清潔工作、餐飲、大樓管理員、若干臨時服務職業等中高齡最常參與行業都可觀察思考。

從這段看法，讀者不妨思考，到底在我國中高齡就業的所有職業，哪些性質比較單調，或重複動作還是過程較少在活動，這些遇見老化肌肉、骨骼、反應能力和別忘了還有「天選之人」，中高齡族群中若干有個別特殊體能反應優勢者，將給我們什麼新的想法？甚至當我們觀察社會變化與戰後嬰兒潮特性而共同創造以往沒有的中高齡新職務時，有什麼可以提早一起同步設想的？

2 https://www.thelancet.com/journals/lanrhe/article/PIIS2665-9913(23)00133-9/fulltext

也許有助我們提高預防意識和及早於職務再設計時同步考量進去，或許不僅減少工作傷害降低厭倦感，還增加樂趣與幸福感。

隨著研究方法更新與社會需要，過去UKK曾經用持續走兩公里測試體能，仍維持這種方式，但現在增加六分鐘有氧運動測試，來自醫院心臟病研究，後來發現可以轉為大眾一般使用。如果平常就用助行器，測試也用，因為以民眾平常行動方式為準。

還有原創的最大耗氧量測試。另外，測試要同時考慮盡量在一般走廊就可執行，例如十五公尺來回行走最大速度。單人、小團體進行以省時間，以及所有測試結束時的心跳數。

杜蕾用連續性生活方式研究，記錄老人一週每天二十四小時所有作息，包含睡眠與非睡眠時間，到底投入哪些活動(生活方式)，來瞭解與體能維持的關聯，還有生活喜好、工作能力等因素的影響。

實際執行測量的凱薩琳物理治療師曾參與好幾千位第一線老人測試，確保測試正確，並發掘受測者有什麼難處，可給個人建議。同時參與研究，如果要完成好幾項測試，怎麼安排順序達到最低傷害與最精確效果。

維持體能，每個國家國民主要問題不同，芬蘭最多的是過胖、過重，這連動影響全身健康。所以我國真要發展更先進的中高齡工作體能測試，或可考慮到底哪些問題優先。芬蘭晚近發展專門給四十五歲以上民眾的工作人口體能測試，要容易做又能測得出來想要的目標，包含移動能力、平衡能力，例如單腳站立，測試站立位置面積不足時的垂直位置控制能力、背部橫向彎曲、手肘關節彎曲、動態身體屈曲、跨步深蹲、靜態身體伸展、動態身體伸展、靜態平衡串聯站立……。隨研究演進，相同目標的類似動作有更新方式。[3]

例如雙手手臂上舉貼牆，測肩頸維持能力。以往認為單手辛苦，現在認為雙手更難，

3 https://ukkinstituutti.fi/fysinen-kunto/kunnonkartta-testit/

★ 腰與臀部貼牆，雙臂上舉比十年前單臂上舉測試更難。

改採雙手同時上舉貼牆，將不同民眾結果分級，這可以一次測出多種肌肉骨骼能力。以往這種測試上半身到臀部要靠牆，但現在不用。凱薩琳說：「要看測試目的」。因為有些動作對有些人不容易，對另一些有問題的人可能隱藏了弱點，移動了重心或中心線。還有要平衡測試，這對年老因體況變動，出力部位影響全身平衡表現，特別敏感重要，然後有全國或全市相似群體的參照比較。

其次是無助跑、無預備動作的下蹲直接垂直跳摸到最高點，與站著努力把手臂正常舉高的指尖最高高度，比較差距。同時看到肩膀、下肢伸展肌力最大能力。裝人工關節的人也測，練習一次，測試兩次取較好數據，不考慮先前是否特別專長，不提供暖身時間。但先前的靜態有暖身的項目先做，而不會第一項測試就做最吃重的，這些不能因為待測人多就隨意彈性更改順序。

還有四十秒伏地挺身(肩與臀同時上抬)，同時進行間歇性拍肩，瞭解肌肉爆發力、耐力與身體控制能力。示範的是退休老師，可見他體能仍然很好。這過程對有些人很難，因為協調性。而且要維持連續動作，每次被迫身體要抬得夠高才能進行下一動作。UKK 開始探討，是否未來將此一測試與六分鐘走路，列入護理師體能測試，因為

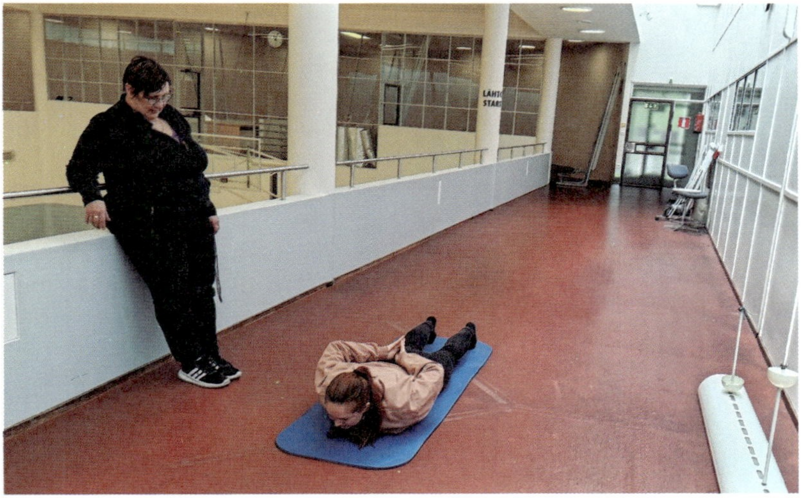

★ 伏地挺身不時手臂後拍打測試。

這可以看出許多身體問題。

三位專家補充說：「以上測試，光是來測試的人就有不少回家沒有力氣了」。除了以上測試，UKK長期與老人合作進行倒著走、負重於肩、腿測試強度（配合平時生活需要的功能測試）、坐著的握力等多種測試，來預測體能與壽命和介入運動的幫助，不必在意時間秒數而是能不能做到。目的是看到底拿多少與自己體重比例的重量，導致人難以執行站起來。在芬蘭，對高齡民眾測試完成後，有諮詢者來說明表現、建議改善方式和可以去的地點，而不是對大批社區老人補助檢測得到結果就結束。

隨研究進步，許多舊的測試被認為太舊，因為教導如何正確有效在不同姿勢和不同特性的人，用力與行動方式也在改變。換言之，測試創新連動相關各種研究與生活需要，發展和如何確保測試不造成傷害。即使人身體有問題（如頭昏、背痛、膝痛），或平時運動習慣不同，還是可以選擇適合的測試，測試前有相關問卷過濾疾病史，找出未來改善的可能與目標。

另外，芬蘭職能治療組織根據《職業安全法》與老化也投入許多研究，包含高齡者工作勞動環境相關設備（例如工作椅、體外骨骼衣），對維持能力的影響。還有急救人員等不同職種專屬的測試，讓員工知道工作負荷、自己全身體況，什麼姿勢與出力和工具之間用對身體功能也在發展。此外，還有工作量與社會發生危機時的工作量，如何達到職責又保護員工。[4]

UKK學者們說：「根據五十年這麼長而持續研究，新一代國民長壽且更忙，科技發展反而更少運動，體能普遍更差而且惡化，軍隊也是」。對老化社會的未來，要非常注意。採取對照性研究來做健康促進，希望喚起更多人注意體能維持，以免慢性病者暴增造成社會支持系統與資源崩盤，也就是加碼更嚴謹廣泛的預防推廣策略以因應未來。

由以上來看，維持力量、耐力、敏捷性和夠用的視覺、嗅覺、聽覺，以及當這些被測試出不足時，如何透過練習補強，或者考慮工作環境友善、導入若干輔具，是未來更周全保有「中高齡就業體能」要努力的方向和比較完整的內容。

4 https://www.ttl.fi/en/topical/press-release/study-workload-management-needs-to-be-incorporated-into-contingency-planning

★ 研究人員解說測試設計原理，說明有些疼痛可能是心理因素（例如下背痛）。

2.2 挪威延長就業壽命知識中心

引言

壽命延長，許多人六十歲只過了人生三分之二。世界不斷變化，危機重重，包括氣候變遷、流行病和戰爭，顯示生活條件正在迅速變化。在充滿挑戰的時期，人口中的某些群體，包括老年人和體弱者，可能特別容易受到負面後果影響。接下來生活怎麼辦？提高高齡就業參與率，對民眾生活品質和降低高齡少子社會負荷都有幫助。

挪威與日本是發展高齡就業先驅，兩國都有專責研發和基層執行組織。其中挪威一九六八年看到老化成立「退休準備研究中心」，後改為「促進高齡就業中心」，二〇二四年調整為「延長就業壽命知識中心」。推動機構參與開發高齡人力，也鼓勵國民要意識到延長就業的價值。對資方、勞方與政府是空前挑戰，也是共同尋求超高齡社會新對策。

楔子

二〇〇七年筆者造訪挪威，提出找尋高齡政策發展資料。感謝雷禾德牧師（Hans-Tore Leithe）引介好幾個挪威組織，包含縣市議會設高齡事務委員會，由議員與老人組成，監督倡議高齡友善。成員有豐富行政和專業經驗，很有影響力。從改善機場電梯到引領地方創新，例如高齡醫學中心等有許多貢獻。

當時印象深刻的還有一樣是因應人口老化的「促進高齡就業中心」（Senter for Seniorpolitikk）。支持政府官員、工會代表、業者合作，鼓勵產業界願意聘用老人。倡議要推進，需要改變大眾刻板印象，尤其是與社會真相不同、構成高齡就業阻力的成見。

一進這個中心，研究員演示他們鼓勵企業平常如何接待高齡員工的態度，非常溫暖：「我們相信您過去在職場已經對社會有貢獻。但因工作特性，還有很多先前職場難以施展的潛力，現在是發揮的時候了」！

翻轉成見

「促進高齡就業中心」全職研究人員與大學社會學教授合作，佐證老人工作對自己和社會都有幫助。新一代老人並不是還像大家想像的，不能學新事物、很難溝通、滿身是病、拿東西都站不穩，就業時容易昏倒難收拾，以及延長就業將排擠年輕人的工作機會的看法。從丹麥長達十年的持續研究看到是錯的，因為不同世代有不同的工作想像與期待。

鼓勵大眾不要把高齡就業想像成只是年齡變了而已，引用專家意見：「事實證明，在成熟的年齡換工作背後需要額外的思考、策略、準備，尤其是努力工作。此外，它還涉及照顧自己的情緒，這些情緒可以從沮喪、空虛和恐懼，到喜悅、掌控感、幸福感和滿足感」。

同時要注意停止工作離開職場的風險，專家Østerud說：「有一份工作可以帶來地位和有用的經驗。長時間非自願地失業可能會造成很大的壓力，所以即使基本上你是一個安全的人，你的自我形象也會下降」。

這個中心資料收集不會窄到只有高齡就業，因為許多高齡社會變化將連動高齡就業。鼓勵大眾從總體看問題，也免於政治人物狹隘的政治行銷，例如老年學會議也都在收集討論範圍。[5]

除了警示和更正錯誤印象，也用調查讓大家瞭解正面訊息。許多六十五歲以上的人非常活躍，擅長用數位科技、有豐富工作經驗、能夠創造新服務。

5 https://www.nkg2024.se/

★ 荷蘭史基浦機場等不少歐洲機場，用高齡資深者當詢問人員很棒。

再者，提出議題供大眾省思，想想以前的人活六十七歲，退休後歲月不多就離世。現在的人活九十歲以上甚至一百歲以上，五百萬人的國家有幾千人這麼高壽，假設還是大約六十歲退休甚至更早退，在過世前三十到四十年，如何面對還有三分之一的人生？物價在漲，醫療費也漲，稅收因少子化減少，老人暴增需要照顧資源。從這些角度看，若更多人能在六十歲後繼續工作，若健康允許，甚至到八十歲還在工作，啟不是多贏？

新知問答

這個中心與二十七家產業業者結盟，訪談超過一千兩百位管理者，觀察員工工作情形，收集國際相關領域發展，以這些資料研究為據，發展新一代對策，更新大眾和業者對高齡發展的理解。

設計老化知識測試，[6] 例如人的工作績效四十歲開始下降？答案是錯的！每個問題答完都有說明如下。

對六十歲以下勞工的調查顯示，平均而言，年齡和工作績效之間沒有相關性或只有微弱的相關性。然而，個體差異很大，任務和職業之間也存在差異。在主要由繁重的工作和需要在危急情況下快速反應的工作中，年老往往是一個劣勢。在依靠經驗和專業知識賺取收入的工作中，高齡往往是一種優勢。

另外，也提出補充說明的資料來源。[7] 更有趣的是，延伸說明後還有「提供反思」，例如：

1. 您的工作場所是否有不適合高齡員工的任務？如果是這樣，有什麼辦法可以讓老年人更能掌握這些任務？
2. 您的工作場所是否有哪些任務比年輕人更適合老年人？
3. 您的工作場所是否有任何任務的執行不受年齡影響？

6 https://lengrearbeidsliv.no/kunnskap/quiz/

7 延伸閱讀：Hauge, L. 與 Halvorsen, B.（2019）。《我們對工作生活中的年齡和生產力瞭解多少》，SSP 註釋編號 4. lengrearbeidsliv.no。

筆者近年花心思研究學習北歐成人教育、衛生教育、長期照顧者養成教育設計，對這種問答格式感到熟悉。因為這又顯現北歐喜歡用鼓勵當事人省思方式倡議觀念，與議題關係人一起創造知識，而不是壓迫式、專業高姿態的告誡式宣傳。這正反映個別差異和不同職場的看法可能不同，無法有標準答案。

再看一個測試提問例子：繼續工作的主要誘因是報酬？答案是錯！接著也是同樣格式補充說明如下。

六十二歲以下的勞工最重視的是良好的工作環境、良好的同事和有趣的工作，做為他們有權領取退休金後繼續工作的理由。百分之六十五至百分之七十五的人表示這些品質「非常重要」，而只有百分之二十四的人表示工作報酬豐厚「非常重要」。工作動機隨著年齡的增長而變化。對許多人來說，任務本身和工作內容變得越來越重要。因此，工作的內在動機比金錢、地位和升遷等形式的外在動機更重要（Kooij 等人（2011）Solem 2017 中討論）。

接著提供省思題很考驗勞資雙方怎麼想才有共識，例如如果員工感覺薪水較少，管理階層如何以其他方式表達他們「欣賞」前輩（如果他們真的欣賞前輩）？

其他是非題提問還包括：不良的工作環境加速老化？人因太老被解雇是違法的？一點刺激性的工作容易失智？六十歲以上勞動參與率增加最多的是低教育勞動力？年金改革後到七十五歲才能領到原來六十五歲能領的退休金……。

中心轉型

筆者二〇一八年又拜訪這個中心。有趣的是，十一年前接待筆者的研究員Almund這時七十五歲了（和筆者去日本地方高齡就業中心社長一樣年齡），還在繼續四處奔走發展業務，到處演講倡議企業雇用老人，並且製作許多影片用討論的方式，傳達新知和回應業者的疑慮。[8]

研究員Olav Eikemo邀請挪威衛福部研究員、工會和企業三方面專家齊聚向筆者解說，他們正一起努力減少彼此對立態度，用開放、透明的北歐民主來協商，創造彼此

8 https://www.youtube.com/watch?v=vINYRSZ2Hm4&t=9s

可以接受的新方案，以擴大支持高齡就業。

隨嬰兒潮老化，老年人是勞動力的重要組成部分。五十五到七十四歲的就業者和失業者的總和，約為佔全國勞動力總數的百分之二十。這時挪威的法定退休年齡延後到六十七歲，而且一九六四年以後出生的要工作到六十九歲。未來還會變成如何，難說。經濟需要、意義需要、健康需要，讓大家逐漸接受考慮工作久一點。

二〇二四年「促進高齡就業中心」重組，董事會更名為「延長就業壽命知識中心」。[9]董事會由大型雇主協會、工會、部會以及研究和教育機構的代表組成，含二十六家企業代表與民間組織人員，一起制定六年發展計畫。

網站公告指出，以往組織名稱容易讓人誤以為主張早退休，但這與事實相違。此中心所做的是鼓勵五十五歲以上員工的生涯發展。五十五歲，你還有三分之一的職業生涯等著你。怎樣才能算是最好的工作年華呢？該中心倡議，未來的社會福利取決多少老人工作，發揮他們的專業與經驗。不只越來越積極以社會調查佐證倡議，同時發展勞方、資方不同立場，如何同時進步，營造勞方、資方都能接受的策略。

網站設計與內容舉例

中心網站設計得非常務實人性，中心簡介一區、求職者一區、業者一區、新知一區，使用者非常容易各取所需，另外還有高齡就業AI問答。連筆者是外國人都能順利使用，非常豐富。

求職區教人如何求職、如何學習新知、新一代高齡創業是什麼模樣，還有許多求職和生涯轉型案例鼓勵民眾。

高齡就業者Jane原是自營商，後來學護理，找到醫院的設計顧問工作，是設計顧問而非外界想像的，一定是醫護人員。還有自己如何學習新知發現下一個機會，也就是說沒有坐著抱怨就有新機會的。Jane建議高齡就業者走出舒適圈，繼續學習新知，學習如何在職場與不同世代同事相處合作。[10]

除了Jane，中心的高齡就業案例區有各式各樣的故事。不只大家想的只有大樓管

---

9 https://lengrearbeidsliv.no/

理員和清潔人員，還有當顧問的、再拿學位當驗光師與視力輔導人員的。尤其3C產品年代，這種公衛工作以前不多。

也有合夥創業的。成立於二〇一五年的女性創業組織（Sister Business），創辦人為Sandra Tollefsen（五十九歲）和Farzaneh Aghalo（五十四歲），為當地安養院縫製感染防護衣，還有許多商業組織預定的縫織創意設計物品。這用到經驗、品味、美感，工作彈性，能交流意見而有歸屬與社交，不同於只是賺錢的機械性工作，而且符合中高齡身心條件。

根據挪威統計局的數據，五十五歲以上的人找到新工作所需的時間，是年輕求職者的兩倍。因此，奧斯陸大都會勞工研究所（AFI）的研究員Anne Grethe Solberg受老年人政策中心委託，對老年人尋找新工作的體驗進行了調查。

晚近，找到工作的老年人積極使用LinkedIn，他們利用了長期工作生活中的人際網絡。有些人是透過自己的人脈有系統地找工作，例如以前的工作同事、專業的招聘公司和獵人頭公司。

Anne Grethe Solberg提醒：「有些老年人在勞動市場上比其他老年人更掙扎的

原因，可能是什麼？是因為老人家遇到雇主歧視他們？還是因為老人家自己沒有破解求職密碼？根據研究，這兩個原因都有可能」。也就是雖然五十歲以後打算就業，後三年仍有許多人失業，可是不要只怪業者，因為這不實際。年長的求職者必須更具策略性和戰術性，才能接觸到新工作機會。找到新工作需要時間，但這是可能的。

Avonova 職業健康服務機構的心理學家 Erik Broch，談到了什麼為生活帶來歡樂和意義？當你工作因為退休成為退休金領取者，而拿走你生命的三分之一時，你必須制定一個計畫，讓你的生活不僅僅只是吃飯、看電視。他向「健忘」的患者保證，只有在極少數情況下，失智症才是真正的問題。

將大腦比喻為圖書館，隨著年齡的增長，你所獲得的知識庫會不斷增加。當你結束教育時，大腦開始是一個學校圖書館，在三、四十歲發展成一個大致的市立圖書館，在六十歲變成了一個大學圖書館。因此，當你的圖書館變得更大時，大腦會進行更多的搜

10 https://lengrearbeidsliv.no/til-deg-som-er-55-pluss/seniorer-i-ny-jobb/du-ma-ut-av-komfortsonen/

尋來找到正確的資訊。因此，找到正確的資訊需要更長的時間，但它就在那裡。

中心也呼應指出，代表歲月經驗累積的晶質智慧，其實是五十歲以後才明顯匯集，也就是越老越聰明。[11]中心網站有個欄位不斷介紹各種重新找到工作且滿意的實例，這些工作未必都是清潔服務業，他們共同特質是非常願意學習新事物。[12]業者點選區說明該中心與各公司人力資源部門合作設計課程，讓管理階層學習如何招募進用高齡員工。[13]以下祕訣，例如：

1. **將年齡納入多元化和包容性工作**——確保將年齡做為受保護的特徵納入指南中。
2. **瞭解您的數據**——定期收集和審查招募過程中的年齡資料。
3. **檢查您的流程**——使用多個決策者和預先定義的問題，建立面試流程。
4. **檢查您的招聘廣告**——強調可能吸引高齡員工的雇主福利，並確保招聘廣告中的措辭不存在年齡歧視。
5. **建立意識和信任**——確保員工瞭解，如何減少偏見和避免歧視。

此外，還有如何發展職務再設計、彈性工時和友善的職場環境，如何降低屆退前員工的消極態度。

介紹有些高齡員工（六十歲以上）達到百分之二十的企業，如何用人皆大歡喜。[14]協同業界，從實務經驗發展策略指南，許多企業希望制定以生命階段為導向的人事政策，而不是高齡政策。另一些企業則再次認為，集中精力制訂良好的人事政策是件好事。用什麼名詞描述高齡就業不重要，重要的是策略的內容。其目的是將高齡觀點納入人事政策中，以便更多的高階人員能夠並且將會繼續更長的工作壽命。

經理對高階員工的態度，對於繼續工作的意願非常重要。一個重要的因素是被直屬經理看到和重視，並從業務部門得到明確的信號表明需要你。換句話說，管理很重要，對於高階政策也很重要。

---

11 https://lengrearbeidsliv.no/kunnskap/visste-du-at/krystallisert-intelligens-oker-fram-til-en-topp-i-femtiarene/

12 https://lengrearbeidsliv.no/til-deg-som-er-55-pluss/seniorer-i-ny-jobb/

13 https://lengrearbeidsliv.no/nyheter/slik-rekrutterer-du-en-senior/

14 https://lengrearbeidsliv.no/for-virksomheter-og-organisasjoner/eksempler-og-praksis/businesscase-og-oppskrift/

調整管理文化

為具體回應業界期待，中心分享迎接高齡就業的管理觀念。包含五個不同領域：

1. 從策略角度來看，高層視角包括整體層面上決定的、對高層政策產生影響的策略決策、行動和措施，例如在說明企業想要代表哪些價值觀的文件中製定了此類策略。它可以是公司的招募、能力發展、退休金和獎勵政策的策略。

2. 從管理角度來看，高階觀點包括為確保決策得到實際討論、執行和跟進而採取的所有措施，例如我們提到招募、能力發展、工作組織、輪班計畫等具體計畫的設計。公司人事政策和經理實踐的跟進可以在管理層會議、管理會議和個別經理的跟進中進行。

3. 文化視角，包括從高階策略決策到管理者和員工日常行為的各個層面。對老化的瞭解和態度，對於高級政策而言非常重要，並且構成了實踐的大部分基礎，態度透過具體的行為和期望來表達。

4. 關係視角，包括管理者和員工之間的關係。在經理和員工之間的互動中，知識和態度會從所做的和所說的話中顯現出來。關於老化和工作能力的知識、關於導致老年人被排擠或選擇退出工作生活因素的知識，以及關於老年人願望和需求的知識，都會影響管理者與高齡員工的互動，期望被創造並確認。增加知識、討論空間和良好的管理培訓，是發展這些關係的正面因素。

5

從激勵角度來看，高齡視角是關於什麼刺激和激勵高齡員工繼續工作或離開，以及和經理決策有何關聯。影響因素很多，而且激勵因素有很大的個人差異。有些因素促使人們提早退休，有些因素則促使人們繼續工作。身為經理，必須考慮這些因素以及個別高齡員工的願望和需求。

另外，DNB銀行的Kjersti Lind Karlsen和Kristin Berg Holter，致力於讓員工延長工作時間，出發點是鼓勵更多人選擇工作直至退休年齡。近年來，在企業的某個特定領域，許多員工選擇提早退休。他們擁有銀行希望保留寶貴的客戶和銀行專業知識，因此，該銀行希望更多的人工作更長時間，減少人員流動，而且與顧問公司合作設計高齡員工管理訓練模式。還有的企業，取消七十歲為退休年齡上限。[15、16]

結語

從「延長就業壽命知識中心」努力的種種跡象看，這不是一廂情願的宣傳促進高齡就業，而是非常就事論事，與時俱進以正向客觀的立場面對現況，一起找更好的策略。

當管理者以他們自己與他們所雇用和熟悉的高齡員工的經驗為起點時，受訪者對高齡員工的看法和想法是不同的，而且要積極得多。值得注意的是，在招募方面，人們的觀念變化如此之快。因為這樣就會引發有關老年求職者的動機和未來計畫，他們創新、學習和應變能力，尤其是他們的健康狀況。即使他們對高齡員工有很好的經驗，但基於對老化未知因素的恐懼和風險評估，人們正在摸索六十歲後繼續工作的人到底會如何。

所有顧慮有待大家一起努力突破，但至少不再老是以累積的成見自築高牆。而是洞見人口趨勢，珍惜人力資源。如同 AFI 研究員 Camilla Stub Lundberg 說：「我認為六十歲到七十歲之間的人比以往任何時候都更健康、更有能力工作。我們應該考慮一件事是，將我們對老年人的關注轉變為已經完成生命階段正向前走的人，成為我們想要充分利用的資源」。[17]

2.3 挪威退休準備「工作後」課程

引言

人若工作到六十歲，活到七十五歲，等於退休後要張羅面對十五年生活。如果很多人都活到九十歲以上呢？那就有三十年以上。經濟大環境在改變，人的生活價值也不再與職場一樣，怎麼迎接漫長三十年到四十年？挪威看到這樣的生涯變化與產生的各種社會問題，於是開設「退休前退休準備課程」和「工作後課程」（After Work）。提供多樣為延長有薪工作、追求願望、安適到老提出自我規劃。

---

15 https://lengrearbeidsliv.no/for-virksomheter-og-organisasjoner/eksempler-og-praksis/dnb-vil-ha-en-ny-pensjoneringskultur/

16 https://www.fafo.no/

17 https://lengrearbeidsliv.no/nyheter/trenger-mer-systematisk-arbeid-med-kompetanseutvikling-for-eldre-arbeidstakere/

這比保險公司開設的理財投資課更完整的因應六十歲後的未來。

人口趨勢

一、總體變化

因人口老化與健康餘命延長，挪威調整退休年齡，從六十五歲退休，到六十七歲、再到六十九歲，一九六三年以後出生的，退休起跳年齡是七十歲，才能領退休金。退休制度未來仍然可能戲劇性調整。二〇一四年男性平均活到七十六歲，二〇二四年約八十歲，未來可能更老，有一天可能變九十歲。當所有人六十七歲退休，七十六歲過世，表示退休後活九年，自己的財務資源要支持九年。若活很久，意味著退休後還有近三十到四十年要過，為以前人口結構和平均餘命設計的「美好年代」國家的退休基金制度支撐不了。

只要退休還活著的人一直增加，將引來很複雜的社會問題。根據校長湯姆的瞭解，二〇二四年員工的退休歲數是六十五到七十歲，七十歲退休得到的退休金比早點退要高，實際上最多人選擇退休的平均年齡是六十三歲。

二、男女有別

這時，男女處境有顯著的差別。該校收集的各國研究分析，通常女性比較懂得照顧自己，男性不太懂得。男女記憶力未必有差別，可是男性相對比較短視，不如女性較為長遠打算。退休後男性衰老快，女性慢。男性退休前多數精神放在工作內的生活規劃，較少花心思想到規劃「工作後」。

男性想今天，頂多明天，女性想得更遠。即使在工作場合擅長規劃，就像在石油公司工作，他們有本事幫公司設計十年以後用的油槽，但少花時間想以後的自己。本課程幫助學員覺察哪些事不能忽略？該盡早思考，現在他們要思考自己退休後的「油槽」！

男性退休前過結構性生活，幾點起床、去工作。退休後失去先前的結構性生活，現在起床要做什麼？讀報紙？讀久一點？這段日子很敏感。沒人再打電話給你，沒人下指令說要做什麼，許多人不知如何應對生活了。一早起來就看著時鐘，然後等中飯、晚飯、上床睡覺。很多男性被問退休後有規劃嗎？都說「有」、「我曉得」！可是一旦在這課程中，他們不時地說：「哇！我沒想這些，這些對我好新鮮」！

政府政策希望看到更多人選擇退休的年齡不斷往後。因為社會對多做幾年有薪工作才退休持正面態度，認為人到六十歲抵達能力巔峰，包含工作經驗和不會容易怕事而不敢放手一搏，而且健康仍處於很好狀態。更多人延長工作，總體來說比較容易維持生活節奏、社會歸屬和經濟穩定而生活自由，因而較為健康（挪威貧富差距相較各國不算大，但最貧困的族群和較富有的族群的罹病機會差五倍）。

當然也看行業別，例如開刀房醫師，年紀大難以承擔一位車禍意外的人需要連續幾十小時開刀或一天開很多臺刀。所以可能調整為使用小時數較短的刀，其中一部分由年長醫師來開。

一般公司行號願意將員工送來參加退休準備課程的歲數，從二〇〇七年的五十四歲已經調整為五十八歲開始。「退休前退休準備課程」參與者年齡從五十八到六十七歲都有，通常比例最多的是六十歲來參加。

關於人生階段從這時到未來，能安適生活的主要議題要設計到課程內，例如未來牽涉的法律。

「工作後」課程由來

退休準備學校的「退休前退休準備課程」，希望大家上了課以後回到公司，能因為理解這些知識，感覺到自己很重要、很有價值而一起討論，如何合作創造延長、繼續工作的機會。也許百分之百的工作較累或不想這樣，那就發展職務再設計或八成薪水與工作時間的新型態工作。校長說：「因為各種走向這種方向的可能，都比不再工作要好」。

挪威對退休的定義是百分之百不工作、沒有薪水收入。過去幾年上完「退休前退休準備課程」，越來越多人選擇調整原先規劃的退休年齡而延長工作，這是一種社會變化趨勢。影響人還要不要延長工作主要取決於勞動環境是否友善和壓力，例如是否為吵鬧煩人的環境、不斷瘦身增加工作負荷或強烈競爭的行業。

過去經驗看到，退休後能安好關鍵在健康。若沒很快死亡而且剛退休就有嚴重慢性病，例如下背痛且活很久，則花費可觀，接著必然來的另一花費高峰是年齡變大時。

當人還在公司行號服務，所屬機關和你自己一起照顧你，退休後完全用自己的資源來照顧自己。退休準備學校考量這個族群生活挑戰，開設「工作後課程」。

而且由上述討論看來，男性特別需要「工作後課程」，幫助他們打開視野，這個課程來參加的人大致介於六十五到七十歲。

課程第一段　前導課

一、理性默想、盤算處境

我們一開始先給他們一段大約四十五分鐘的時間好好想一想：他們已經知道他們的退休金，要繳稅百分之二十三，比退休前的百分之三十七要低，但每月所得是以前工作時的一半到六成。許多基本生活所需的費用都在漲價，要怎麼過日子？學校說可以！可是人人要學習規劃，因為這是新處境。

在挪威，很多人用錢於修繕和維持房子的正常運作，如修繕屋頂、更新水電管線，而造成實際可用資金不足，得向銀行貸款，銀行說你太老了，你可能無法還完貸款。後來，少數銀行讓需要資金的長者用其房屋辦理抵押貸款來支應開銷，若還不完就離世的人，銀行就可以擁有房子的處分權。目前多數挪威人的自有財源，還是多數用於儲蓄或用於維護房屋（包含夏天用的木屋），而彈性運用財源很少。

二、釐清各人特性

四十五分鐘想一想之後，課程提供創意課，引導大家走出以往沒規劃生活的「黑盒子」，開始一起想怎麼辦？包含人格測試，幫助學員想一想，自己到底是個怎樣的人？你是多愁、多慮的人，還是比較輕鬆思考的人？你是喜歡怎樣生活的人？這些特性將如何影響你的退休生活呢？

接著，引導學員運用創意思考工具來分析自己未來的三十到四十年。我們提供一些實例當線索幫助大家思考，「我是怎樣的人？因為是這樣的人，分析未來如何順利過日子」？

三、裝備創意思考工具

透過活動操練思考方式，練習多角度、彈性、開放的方式看問題。為下一段「工作後課程」最重要環節——小組工作坊能更有品質來鋪路。

例如請來一位廣告業專家，問大家，這裡有一支筆要賣出去，怎麼樣可以賣出去？有好幾種方式，例如從價錢、品牌、包裝、外觀顏色，或說明裡面的成分為訴求。大家為什麼要買這筆而不是別的筆呢？也許人們不需要這筆，但我們卻努力動腦設法使人們要買，包含怎麼做廣告？

老師提供創意思考方法與程序，例如這是什麼？我們可以添加什麼？把幾個習題用創意工具找答案之後用說故事方式表達，等於學習破解問題的推演工具、方法。接下來的思考討論議題也比照類似思維，最後要用說故事的方式描述自己的未來人生。

★律師用家族圖幫助學員理解財務關係。

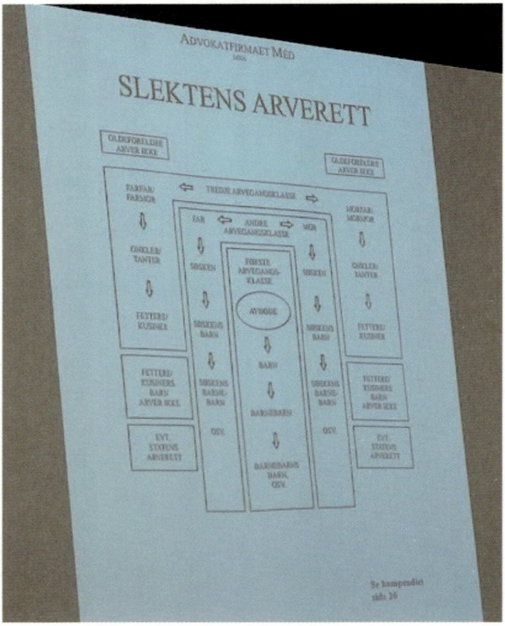

課程第二段　主題省思討論

一、議題內容

1 **願望清單**。人生未完成的重要事項，例如學游泳、跳傘……，有的可能花很多錢，有的也許很容易。

2 **如何健康**。包含退休後生活節奏與社會接觸變化和生活方式的影響與管理。

3 **甘迺迪題**。引自美國前總統甘迺迪曾說：「不要問社會可以給我什麼？而問我可以為社會做什麼」？隱喻省思退休後打算如何對社會有貢獻。

想想看七十歲，活到一百歲，還有幾年本錢可以用來實現願望清單？不會是三十年！因為九十歲以後未必那麼靈活到可以實現所有願望清單，或許八十五歲前得做完。所以，願望清單要用十五年。真的很老才去實現願望清單，可能得到的經驗是辛苦而非全然快樂。的確有些人九十歲以後，還很活躍享受實現跳傘這種願望，但不是多數。如何健康？用三十年或更久到離世。「甘迺迪題」可以花三十年，也就是我們可以隨體況用各種創意方式貢獻什麼？或更久，直到離世。

這三個議題也非常看個人期待與擁有資源。校長補充：「也許有人說，從事醫療健康行業的活得久，其實未必。他們當中許多人生活方式和個人喜好不利健康。有的醫師教人家減重與健康促進，自己卻胖得走不動。這種人有的一退休馬上趴下，所以真的看個人」。

人有沒有創意，往往也看先前行業。也許長期從事藝術的比砍樹為業的，較有機會培養創意能力，同時看個人人格。小組工作坊可能用若干不同的創意思考工具，但基本上是請大家彼此交流給建議。因為一個小組裡有的人可能很有創意，有些比較沒有，他們可以相互激盪支持。

★ 法律課程學員一起省思如何安身立命維持幸福。

二、進行方式

工作後課程班人數極限是四十人。繼暖身前導課之後，緊接著是第一天課程的重頭戲小組討論，每個組約四到六人，配有巡迴助教拿著討論提綱單，簡短簡介說明細節和激勵學員參與。

如果學員進行卡住或不很明白討論議題，助教來解決。所以不是全程只放給學員自己進行，同時助教也不要幫學員提示或決定答案，而是支持他們自己找自己的出路。進行後回到大教室，把所有的願望清單分享、分析。

三大議題逐題進行，每個議題用一小時，包含說明二十分鐘，實作推演二十分鐘，評估討論二十分鐘。其中實作推演的二十分鐘，學員或許可以用類似樂高玩具的彩色積木，把自己的生涯規劃線性、立體、流程化。這樣再相互交流，看到每個人的安排選擇如何？有助省思為什麼排成這樣？看到自己的優先順序和價值選擇。

例如藍色積木表示工作。退休生活把原來藍色積木抽掉，剩下的空檔要怎麼辦？有的人把願望清單排在最優先而放在這個空檔填上去，或把某一項排在幾歲，例如跳降落傘排在哪裡？有的人使用這塊示意積木，有的人不會使用這塊，因為這不在他的願望清單。

校長補充說：「用積木的目的類似前面賣筆的練習，兩者都不能只靠書寫文字就容易達成外顯訴求，具象化對帶動情感更有幫助」。而且這個課程本意在鼓勵大家省思如何做決定，成為藍圖。這個思考過程不但要填補退休後的作息空檔，可能選項不斷重組調整。這是用積木的原因，而且堆積木的技術性不難，大家小時候用過，越用越熟，所以不需要很多時間。

課程第三段　預備必經之路

第二天是「事實課」，包含經濟與法律，人不能確定死期，卻要預備死亡。在挪威，六十歲被看成就業能力的黃金歲月，七十歲以後除非特殊人才，不然一般人較無市場吸引力。看財務管理，退休後有退休金，也許對有些人不夠使用，得另考慮補充財源，包含兼差打工和房子出租給別人、存款與資產。

兼差打工可能是選擇工廠要維持生產運送的現有人力離峰時段，例如週五下午與週六。若還願意多學習一點物流管理新知與技術，則可能有更多樣兼差型態選擇，行業包含酒廠、速食、農產、園藝。關於園藝，也與人口老化有關，因為在家老化，活到九十幾歲獨居，沒有力氣和行動能力可以整理花園、院子，冬天還要鏟雪，都創造服務機會。社會希望大家免費服務，實際上不全是這樣，即使親戚來做，可以是有收入。

至於租房，也許是自己暑假去別的地方度假或有別的原因，住宅空著也是空著，就上網租給需要的人，例如有人從臺灣來挪威要住一、兩週。

關於存款與資產，此課程提供各種投資選項說明，例如挪威有銀行提出需要資金者以房地產抵押貸款一個金額而得到現金，用於實現願望清單和生活所需。暫時不必還，而是過世時，將這些資產依照法律與繼承人相關協議拍賣抵押房地產分配掉。也就是銀行因為先前取得這個房地產的抵押權，所以可以取得一部分拍賣房地產所得。

關於法律，指人到七十歲後得早做安排，包含如何寫遺囑？如何找律師？這並非在此課程就寫出來，這需要回家想清楚，本課程是教方法和該考慮的事項。就現實社會來看，人人的挑戰複雜度不同，例如娶很多太太或離婚，甚至多次離婚的人又還有很多小孩，變得非常複雜。

另一變數是健康餘命多久和長期照顧服務需求與供給之間的關係，例如臥床失能很長時間，需要費用，或者搬去安養機構除了費用還有生活品質問題。以往由公部門主責提供這些照顧，但現在負荷多，制度設計要跟上變化，這個過程造成許多私立服務機構興起，人們選擇自費以得到期待的服務。不講長照，連急性醫療也逐漸私有化，提供不用一直等就可以得到的 Dr. dropin 的服務，[18] 例如公部門的醫療可能評估喉嚨痛不緊急，要等三週再說，可是有的人三週後也不需要等了（離世了）。有了 Dr. dropin，流程變成民眾更快看到醫師和更快基本檢查，如果的確要手術或緊急，則此私立系統轉給公立醫學中心接手，形成私立、公立新的合作。

當人還在工作時，保險公司與這及時醫療單位合作，由公司為員工投保 Dr. dropin 這種服務。可是退休後得自費參加 Dr. dropin，或繼續期待有生之年，公部門醫療更多改善。日本用機器人替代一部分原來由真人人力的照顧，也許世界上更多地方要走向這種生活。但看人們願意嗎？或如何選擇新科技帶來的服務？

有些人工智慧服務可能更快及早幫助人，避免後續醫療可能非常貴而付不起。以往的篩檢可能花較長的程序與時間，未來可能縮短就可以判讀。至於失智，這個越來越多病人的照顧挑戰，新科技可能提早篩檢問題在哪裡。希望這些科技幫助全國老人健康更久，在家活更久，減少長照耗損，由機器替代各種老人無力承擔的家事。我們仍然要面對願望清單、自我照顧、助人活動前述三項生活規劃，只是解決方案可能不一樣。

課程實施

學員各種人都有，有的是教育程度非常非常高的，也有管過上千人的，他們不是愚蠢無知的人。但他們從未經驗過退休日子，也從未經驗過七十歲！要探索未知的願景。也許以前認為自己退休可以打一輩子高爾夫，但這時明白自己怎能一輩子打高爾夫或只做這個而已？太無聊了。課程啟發大家更豐富自己剩下的三十年生活，非常個別化。社會希望人可以健康、快樂而且回饋社會。

回饋社會未必賺錢，若有人的願望清單是再創業也行。一般來說，人對已經熟悉喜歡的事情會希望未來還可以持續。但願望清單的意思是以前都沒做的，因為不久將離世。男性往往專注工作而很少想離世前願望清單，課程這個段落進行後，他們常有的反應是「喔，我還真沒想過這些」！

例如我以後想幫紅十字會做些貢獻，我要做什麼貢獻？我如何做得到這些貢獻？或幫人家溜狗，或各種事項。至於跳傘，經過思考可能決定得趕快去實現。若願望為想要成功狩獵到一隻狐狸，這個願望比較複雜，要做許多準備才能實現。

關於維持健康，非常不容易，例如希望身體不要僵硬，得每兩天就去運動，維持健康是一輩子一直都要投入心力的事。一般來說，願望多和「甘迺迪題」內容多，比較促成活躍老化，比較容易維持健康，這三者的關係是這樣。

像想要到某地方跑馬拉松，從開始預備到完成，也許要準備兩、三年。持續三年活躍，也有助參與社會。因為維持健康，能健康就更有機會擴大參與「甘迺迪題」，然後可能減少個人醫療開支和國家健保負荷。從這個角度看願意好好管控健康，雖然未必歸類「甘迺迪題」，其實也是一種對社會有貢獻的行動。

過去這種課上完就散場，有的政府官員已經在考慮，或許未來這種課可以由政府接手創造新的模組課，例如三個月再回來或再三個月又回來上課。因為學員彼此已經認識，可以相互回顧到底這三大項進行得如何？這樣或許更積極、確實、有效，類似挪威已經有的。[19] 若是那樣，課程結構還要再調整設計。

其實還有個主題很重要，就是「關係」。這個主題因複雜且有個別差異，可能不是工作後課程能充分處理，要另有課程或時間處理，許多人不太重視關係，例如親子關係、夫妻關係、社會關係。退休後我們進入新的人群關係，我們要健康，要設想如何維持發展新而好的關係？所以「甘迺迪題」有助我們認識更多新的社會網路人際關係。

我們七十歲後可能幫兒女接小孩，甚至產生與第四代的互動，自己的生活流程變成接小孩和中小學生上下課而安排。人們可以選擇這樣，但變成為別人而非自己而活。校長個人的看法是，建議不宜於這階段的生活全都用於幫子女看顧小孩，而是多樣性分配自己的時間和社會參與，增加樂趣，人人在此階段面臨重新調整生活結構。

對男人來說，工作後重整生活，調整退休的生活安排比女性更不容易，例如以前一早運動然後上班，現在仍然可以一早起床而不必因退休把六點起床變成九點，可是六點

19 www.bi.no

起床運動完，接著原來是上班的時間要做什麼？

退休前有人不吃早飯或隨便吃，退休後也許可以更緩、更豐富的享用。或仍然繼續不吃早飯，中午去找人吃午飯。不過上午這段時間做什麼？以往在辦公室很多人來找，現在沒有了。退休後能好好安排生活的男性遠比女性少。

不論學員退休前職務或專長為何，退休後都成了「前……」，例如前某校教授、前經理，這與訃聞用法相似。一群「前……」身分的人用積木組合出藍圖，不論以前身分，面對未來三十或四十年，都要經過這個建構未來生涯藍圖的過程。希望課程幫助大家用正向態度面對未來，討論過程中，學員彼此可觀摩，激發想像和相互提醒。

有個很鼓勵人的老年創意助人故事。有位潛水員曾下潛四百公尺，後來改用機器人降低性命風險。冠狀病毒期間挪威缺治療肺部的醫療器材，已經八十歲的他用腳踏車動力結合給氧機補充不足的肺部治療醫材，而且研發成功。他的熱情與創意不減當年，善用經驗對社會有新貢獻。

校長說：「我們沒有人死過。退休後忽然多了自由，人人都是第一次學習規劃，對男性特別不容易」。許多男人的規劃是短期的，例如退休後想去羅馬。去了回來後，別人問如何？他說：「就是去了，吃吃喝喝，沒別的新事情發生」。

還有的男人喜歡砍樹預備柴火，這個過程不只砍樹，還要切割、烘乾。退休前有人問他以後要做什麼？他說：「砍更多樹，製造更多木塊備燒」。可是當他退休，往往發現砍幾棵很高興、有成就感，但要繼續砍幾百棵嗎？

類似的經驗也發生在退休前喜歡打高爾夫的人，誓言退休後要打遍世界著名的高爾夫球場。可是這樣做六個月之後開始無聊。還要繼續打下去嗎？

砍樹與打球的後來看到別的有趣的活動可能就說：「再砍很多樹和再天天打球真是乏味」！而且等老到八十歲、九十歲，砍樹、打球更少，或許可能變成迷你高爾夫。過去的許多實例顯示，快死前被問若人生再來一次要花最多時間砍樹、打高爾夫嗎？答案是願意多花時間和家人一起。

這個課程的願望清單、健康管理、助人生活。幫大家想想，人生可以砍樹、打球或去羅馬，但不再只是去做這些事，或許可以融入願望清單，讓這些事情負載生命的一些新的意義，學習一些新的知識與經驗。好奇心、探索人生，超越過去，是背後的意涵。

就像想種玫瑰，從選苗到施肥，有好多要學，學語言也是一樣。這麼多可能，人人在意的不同，而且生命有限，總要做取捨。

有的人決定要去大學學歷史，但別人可以提建議，「為什麼去大學呢？何不運用退休後的時間彈性直接到發生歷史的現場去研究觀察」？這樣可能要旅行，可是這旅行有其目的、意義，而不只是為旅行而旅行。

還有人的願望清單是追蹤祖先族譜。發現許多空白，這時開始想，我的子孫對我瞭解多少？於是開始另一個願望，把自己這一生到底怎麼過的記錄下來，寫一本書，記載歷經哪些地方和生活，這就不是只選要不要跳降落傘和打高爾夫了。

就如同有些人在退休前提早離職不是因為大家想像的心神耗盡（burn out）而是因為實

★ 小組討論彼此豐富對方想法。

在覺得厭倦 (bore out)。這樣退休開始帶孫子，沒有生活規劃，仍然還沒有找到自己真正的生涯之路。希望課程可以幫助大家找到自己喜愛、有目標的退休後生涯路。

NOTE

退休準備課程以往考慮在家老化需要終身學習，關於如何順利安全生活在家的新知識與新科技，但後來政府認為這個很重要，所以設計了大巴士與福祉科技公司合作，開往全國各地，讓更多人不用去某個地方上課才能學習，而是車子來到不同地區的民眾面前，以便更多人具備老後安適在家的素養。[20] 除了上文介紹，挪威另有一所退休準備學校在北部。[21、22、23]

---

20 https://www.tietoevry.com/no/care/velferd/
21 https://www.nordnorsk-pensjonistskole.no/
22 https://midtinorge.no/vi-vil-lage-spennende-program-for-elevene-vare/
23 https://www.banett.no/nyheter/i/qAGzVo/nordnorsk-pensjonistskole-mott-av-heimevernet-pa-gardermoen

2.4 挪威失智者繼續教育學校

引言

各國失智者增加，這種影響當事人和周圍親友的挑戰如何面對？發明藥物、科技輔助、各種認知訓練或各種策略提案。北歐諸國發展失智者自我照顧學校，甚至有前額葉訓練學校，驗證可減緩失智輕度者去日間照顧中心速度，逐漸納入失智共照流程。服務系統展現不怕麻煩、願意給時間、尊重人的感覺、維護人的尊嚴，減少衝突和誤解的巨大代價。

如今，確診失智者不再只是社會負擔和被限制活動等治療的病人，能改善失智者認知、身體、社交與日常生活能力。同樣是學習，唱歌代替記憶訓練，不聚焦疾病而是患者資源，保障鼓勵他們和一般人一樣享有終身學習權利。在不同病程階段繼續追求實現自我，繼續成長的人生。善用公帑，把「失智友善」、「以人為本」推向具體、更高境界。

挪威服務失智者常用「發展遇見障礙的人」，仍正向看重人而不是只聚焦「失去」、「缺乏」。

挪威南部Grimstad行政區（相當臺灣的「縣」、「市」）森林，八位長者快樂行走，從地標返回教室。陪同的護理師、特教老師用剛才大家說過的詞繼續下一個活動。這是失智者自我照顧學校一景，不時聽到笑聲。

★ 學校門口。

從二〇〇一年丹麥北部發展系統化、結構化的失智者學校到 Grimstad 成立，支持失智者學習維持能力，繼續追求最高自我價值與生活品質的模式又翻了幾翻。可貴的是，越來越多確診輕度失智的民眾得到更良善對待的照顧方式，而且服務提供者與使用者還在繼續創造下一代的新模式。

設校緣起

在 Grimstad 主責失智者學校開拓的護理師 Birgitte Nærdal 回顧，十年前他聽說丹麥設立失智者學校深感興趣，因為兩國都在預備失智者不斷增加要怎麼辦？大家都同意延緩病情很重要，對失智者與家屬生活品質都有幫助，而且緩解照顧資源和人力不斷吃緊。這不是一種大流行一下就消失的傳染病，而是持續的。

Birgitte 集合失智共照中心的職能治療師等四人去丹麥考察，這些人同屬失智到府初評小組成員。看到丹麥失智學校屬於「成人補償性特殊教育學校」，[24] 課程與其他成人特殊教育課程可見於此網址，[25] 幾經實驗轉型成為失智者學校。[26]

為什麼世界上這種學校在丹麥出現？源流之一來自這個國家是世界成人教育終身學習的鼻祖，一八四四年就為了降低民眾失學、培養民眾活出身為人該有的樣式、避免容易被政治人物吹噓民粹而成立民眾高等學校。[27]

這種學校不考試，降低學習抗拒、畏懼，能更自由思考，很重視人的互動，多數可以寄宿，以便更多時間交流反思。後來因人口老化，又有專門服務長者的同類學校。[28]

---

24 https://vuk.aalborg.dk/?fbclid=IwAR2urHh-H9FWyBKw-at0-pGJEC0J0rmGnBIIkDN5ctE1pMVEK6v4ci4MZTE

25 https://socialkompas.dk/tilbud?aktivitet=10

26 https://socialkompas.dk/tilbud/3793/aalborg-demens-skole?fbclid=IwAR0rlUeJk-APUzoLPE3eR2gXXcAXJl3G8fComRA880lhjYkVgtuk7-o29RY

27 https://www.hojskolerne.dk/

28 https://www.hojskolerne.dk/om-hoejskole/hvem-kan-komme-paa-hoejskole/seniorer

另一方面，因應失智者多，需要全國公民普及新知因應，丹麥成立國家級與地方政府級失智知識研發、傳播、教育中心，這是各地失智共照中心要能有效運作的配套政策。[29]

在有成人學校悠久歷史與失智照顧現代化，以及二者同樣在乎人的尊嚴價值，於是北部城市 Aalborg 摸索除了零星認知與運動活動外，該有什麼樣更系統化失智者健康促進學習資源，積極有效維持失智初期狀態更久。

最早這裡的學校專門服務腦傷、中風等患者，後來失智者多，二〇〇一年獨立成立失智者課程。從兩位失智者學生開始試辦每週兩小時半課程，逐步穩定營運，擴增上午班、下午班，幫助失智者可以在家生活更久。

★老師們有自學網址。

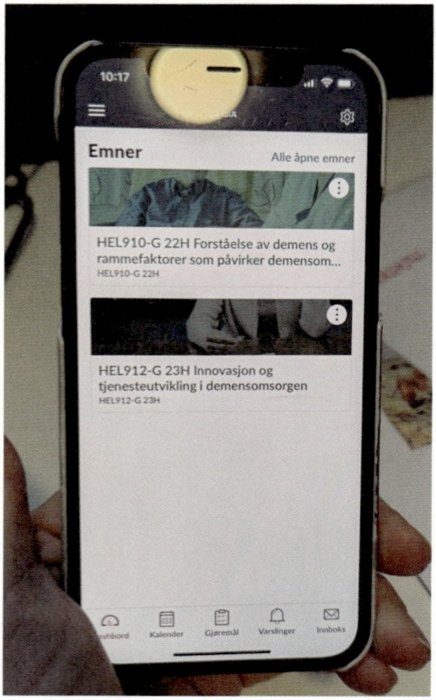

調整創新

Birgitte 考察後反思挪威既有相關服務後認為，丹麥模式每次學習的時間有限，學員之間的互動還可以用調整課程時間與內容來豐富化，考慮改成一整天，產生多種教學空間。

之後，Birgitte 又到距離自己城市四小時火車車程的挪威西部城市 Stavanger 來考察這裡的失智者課程。看到學員互動設計比丹麥豐富，也就是從診療確診後可以得到十二次學習，以維持能力。由位於 Stavanger 大學教學醫院內，支援周圍十五縣市的挪威西區老年醫學研究中心設立和持續追蹤實驗。[30]

---

29 https://aabenaalborg.dk/grundskole/viden-om-demens-til-0-3klasse?fbclid=IwAR10h-FMksl0xwnAITKgR5DbfwCilu8RJQVGq4WamtQjeSTF3YNE8Tyizv4

30 https://www.helse-stavanger.no/en/english/avdelinger/klinikk-psykisk-helsevern-voksne/avdeling-alderspsykiatri/sesam/

Birgitte從病理和自己的照顧經驗認為不滿意，覺得失智者又不是十二次學習後就可以自己獨自應用，從此過著快樂的日子，而應該持續下去。後來Stavanger更新為數位化課程，每位學生得到專屬平板電腦，每週在家學習。Birgitte覺得獨自學習也不很好，應更強化失智者社交。

綜合丹麥與Stavanger經驗，二〇一七年籌備發展全天型失智者自我照顧終身學習學校，對象是六十五歲以上失智者。[31]

每週上課一天，每兩個月測試功能表現，每六個月一次總測試，有系統的研究和搭配醫療照顧，不是只是來玩的。二〇一八年開學，六十五歲以下另有醫師和共照中心

★ 從總理到基層都重視支持這種學校。

安排後續照顧。想到丹麥開始只有兩位學員，覺得不要太擔心，只要可能改善照顧就試試。

依照病情開出 Level 1（病情比較重或體能弱的中度失智者）和 level 2（病情比較輕的失智者或都是阿茲海默型）兩班。不稱病人，而是學生，每種課一定告訴學生做什麼？和為什麼？這是成人教育很重要的環節，確保學習動機和持續參與意願。後來發展順利，挪威總理（相當我國行政院院長）親自來參觀和上課，大家很受鼓勵。

實驗有成

二〇二三年年底，這項得到政府約四千萬臺幣補助的實驗計畫告一段落，協同國家老年健康中心發表研究報告，研究員 Geir Vegard Berg 主導了這項研究，對學生、家屬和教師進行了四十一次定性訪談和測試。主要發現是學生們非常滿意，而且幾位家屬也認為這所學校很有價值。從老師主題訪談、學生（患者）學習筆記文本濃縮分析、

31 https://www.voksenskolen.com/

腦部病情比較與認知，還有罹病後自我價值、身體功能變化（如握力）、回家生活品質、家屬負荷，每六個月一次量化與質化分析，控制其他疾病與生活環境變數，連續兩年持續調查，證實這種模式能幫助參與者快樂，比未參與者更慢因病情惡化需要去日間照顧中心！

這也延遲社會需要投注大量資源於失智照顧的時程，相信失智者可以終身學習。有的學生來了四年，甚至五年，也就是繼續維持某些能力以致還可以參加。Birgitte 把學術研究累積經驗轉成圖像，建構成失智學校營運服務模式，讓其他挪威城市要使用時能把握內涵，以便其他共照中心能隨在地特性而合宜調整，不會失去原來設計的功能效果或流於形式，然後抱怨沒有用或學員不喜歡。

二〇二四年 Birgitte 退休，對這段努力感到安慰榮耀，因為挪威全國可以有個更完備的學校模式因應失智國安挑戰。她說其實挪威也走過那種服務提供者一廂情願從自己的觀點提供課程給失智者的歲月，現在越來越考慮失智者的特性與處境來設計學習。這新服務一開始就並非湊亮點、或迎合智慧科技跟風、或某個研究計畫的短期附屬品，而是為了迎接趨勢、減少負荷，維持人的尊嚴、降低失智者身心壓力新模式而做的實驗，

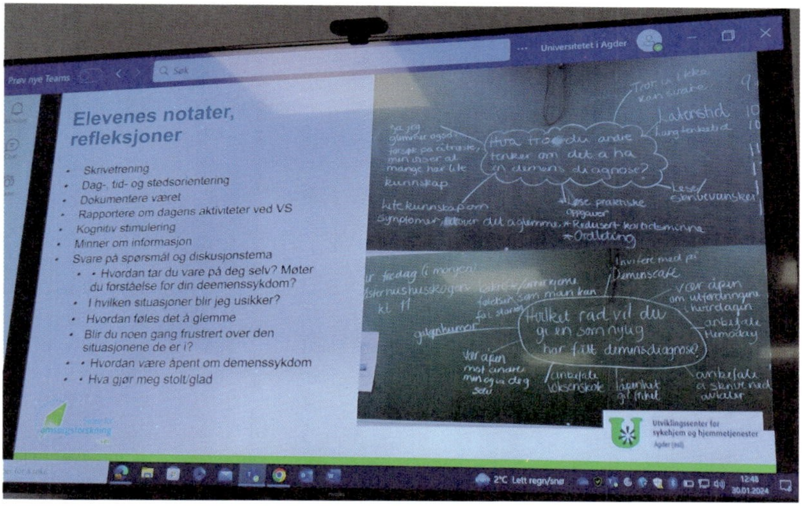

★ 調查參與學習後，失智者與家屬的感受。（質性研究結果）

★ 實驗確認有助後，形成模式供他市轉用。

基層衛政單位的醫事、護理人員看見人的需要而想做又能合作，且無一定要教授或博士才可申請，所以更能持續。Birgitte 覺得時下有些政治人物和宣傳者未必有專業知識，可能提議一些花錢的亮點，如失智村。但究竟失智者需要什麼？有次她同事遇見這類政治人物就問：「你說某地方的失智做得很好，好在哪裡」？那政治人物說：「聽說的，大家說的……」。可見專業人員能講真話幫助國家投資正確很重要，例如失智村把失智者放在一個小國度，然而新的趨勢看，未必這樣好，能最大化繼續與社區互動才好。

空間流程

Grimstad 版的課程場地二〇二一年前後在一棟地方多個團體共用樓房的無電梯二樓，二樓還有分租給別的單位。Birgitte 考量失智學校的立意，認為場地太複雜，而且給失智學校的是單一空間，也就是烹飪、上課、猜謎等都無彈性，就一張大桌子。所以儘管樓外有美麗的森林與湖景，後來還是物色更適合失智學校的場地。

前後兩年尋覓，二〇二三年搬來現址，四周沒有緊臨噪音來源，內部是一個完整家庭格局，可以休息、單獨廚房、客廳、餐廳、倉庫、預備上課資料的單獨且有隔音的房間和教室，適合不同目的的課程活動和同一時間個別活動可用不同空間，有助維持專注、因應不同特性與需求的學生、對應在家生活能力練習。戶外也有充分空間可以帶學員遠足教學，選定後並將廁所與所有置物區加上失智友善需要的標示。

老師由一位醫護背景及一位教育背景，已經是固定組成，有時兩位老師外加一位志工。每班八人，不能更多。更不可取悅政治人物或想節省而更多人同一空間、同一班。課程實施頻率時段為每週一次，每次上午九點到下午兩點半。內容結構包含認知訓練、

★ 接觸大自然學定向和欣賞放鬆環境。

★ 作息標示有學理根據來設計。

體能活動（也降低憂鬱）、社交聚會、日常生活能力維持訓練、午餐會、失智新知、政策和實用資源說明。執行方式非常生活化、趣味化、社交化。省思失智後和失智前的社會角色轉變，能如何有未來的美好生活。這樣大家不孤單、不悲傷，能相互支持並學習如何表達失智的處境。

實際進行在這些內容主題下可以有多樣變化，如何不會變化到模糊焦點？導致難以達到原始目的，或引起學員困惑降低動機。

現場主責者兩位，根據失智專業知識、課程帶領者創意、當下參與群體特性需要而設計。主責者年初就設計好一整年每月課程，讓學員、家屬和研究者都掌握，然後因季節變換活動方式，最重要的是要失智者感覺活動是有意義的，善用大家存有的經驗記憶。

例如一月安排的是童年居住故事，那時的祖父母生活如何？二月是身分、朗讀著名詩歌，例如《螞蟻的故事》。從很小的切入點思考我與天地，省思自己的位分價值。老師預備很多問題，事前知道對什麼人，適合問什麼問題幫助他們。

護理師背景的老師Monica很光榮地說：「身為護理師，認為自己的職責和理想不是只能處理傷口、發藥、急性照顧、聽醫師的口令……，而是如何協助人追求生活品質」！

從在地大學與研究所和短期課程裝備豐富的知識、技能與態度，幫助失智者與創新服務。設計課程和溝通都有根據，以支持失智者情緒出口和智能維持，例如選擇討論各種詐騙新聞，看看哪些人、什麼方式被騙。

★ 課表一年一次持續進行。

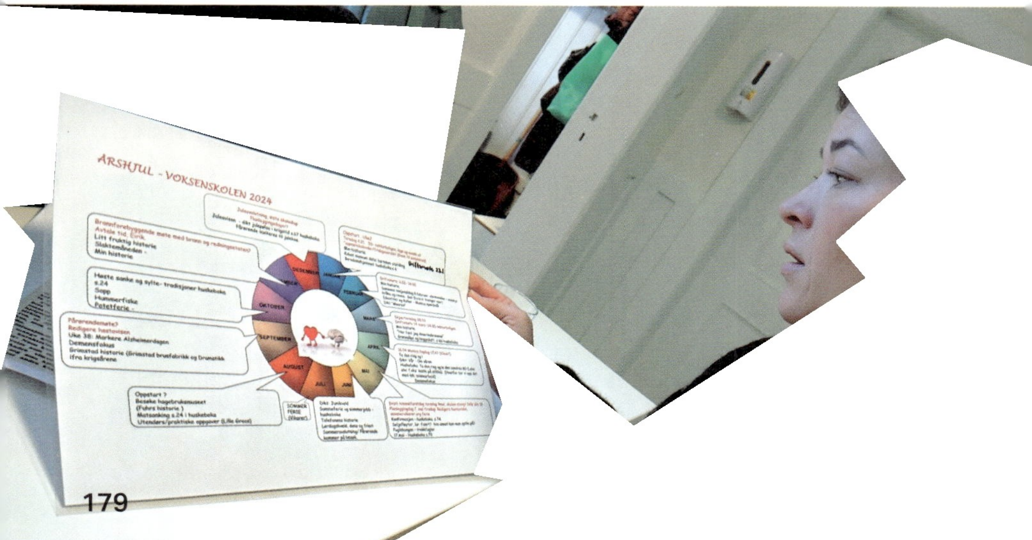

Monica說：「這裡不是日間照顧中心，是學校！我們對他們有期待。來這裡的都有失智，知道為什麼來這裡。但人人能力與限制不同、個別生活型態很多樣。大家隨時加入，適性學習，讓學生覺得可以做些事。很多人來這裡慢慢的從焦慮而放鬆，覺得自己仍是有價值的人！而不是老是只想到失智後經驗的一堆挫折」。

這裡學習產生困難才轉日間照顧中心，有的人失智暫時去日間照顧中心又再回這裡的也有。如今，行政區的失智診療醫師都知道這學校資源，醫師負責理學檢驗和判讀，建議家訪評估，評估資料回傳醫師，醫師下診斷與建議。患者確診後會徵詢建議來此校。有失智者來學校，也去其他老人活動中心。已經有日照中心主管回饋Monica，去過學校的來日照中心和沒去過就來的有些差別，有去過的比較開朗誠實，面對狀況也比較活躍。

實地觀課

筆者二〇二三年和二〇二四年兩次在現場跟課的觀察，二〇二四年甚至以學員身分混在裡面上課體驗，感受到的共同特性是有良好的氛圍。帶領者很注意大家的反應，活動的步調適中，不會覺得有壓力，大家很清楚知道為什麼做每一個活動。人不多，容易專注，這些都是失智者維持良好情緒的重要條件。每一種練習有個別操作，但隨時可以得到其他學員和老師的幫助支持。

當日所有操作內容與程序，全部寫在黑板，大家隨時可以不斷地看，減少問來問去的焦慮和打岔，避免不知道等一下會做什麼而緊張。

一早來，大家有名牌掛胸前，這對失智者互動很重要，可以記得對方名字，也

★ 學員來時的情感支持特別重要。

能持續因別人喊名字而彼此複習記憶與稱呼，有存在感。

老師總是不斷問問題刺激大家，先問大家今天是什麼日子、天氣、季節？我們在什麼地方？因為有些人從遠方來暫住或回鄉，這是時間、方向感。

預備選過的歌曲齊唱、輪唱，大家輪流朗讀和討論歌詞。有些歌來自民俗或以前的生活，也有新歌。延伸擴大時空，交流生命經驗，或順便進一步討論相關話題，例如歌詞講到木材，大家談一下實際上挪威木材有幾類⋯⋯。

讀報時輪流讀標題和內文，練習視覺、方向、字詞，很多用語可以複習生活

★ 相互提醒忘記的名詞，學習生活能力。

用到的詞彙。由於天天買一般報紙每位學生一份費用太多，且未必都適合教學，上上下的文句對有些學員有點吃力，或起先不吃力後來感覺難。所以老師擷取新聞，重新設計失智者新聞報。

有時會有意外有趣的討論，例如正好讀到大家熟悉的電影明星，此明星發跡於挪威，紅到外國。報紙說很帥，結果學員有些人不以為然，大家哄堂大笑。出自學員共鳴導致的情緒開朗經驗，尤其為失智者生活品質加分。

★ 自製專用報紙避免社會疏離。

每次讀報從報紙選的主題多樣，這天選的是幼年時的社會生活規則，例如吃飯怎麼吃？吃什麼？怎麼回應打來的電話？哪些常用語？也藉報紙內容問大家的身分與歷史、討論失智影響生活和帶來什麼新樂趣？產生新的開放、良好互動方式。

另一堂課，目的是認知學習，方法很多，這天選用 kims lek 遊戲。[32] 把許多物件用布蓋起來，大家看幾分鐘想一想怎麼記住，然後又蓋起來，大家離開這個空間回教室，嘗試寫有哪些東西。先寫三樣，不需要寫清楚什麼東西在什麼位置，這太難。然後大家拼湊，老師引導補齊。因為大家一起，比較沒有個人壓力。

接著回到現場看第二次，這回再到教室，也許記得六種，七種更好。這有心理學根據，短期記憶和記憶數量。老師也可以寫許多品項在黑板，問哪些不在剛才看到的桌上？這用到比較的能力，對有些人也有困難。

老師要注意給大家一點時間，強調這不是考試，是疾病使人發生困難，而不是人不好。

★ 限時看過遮起來寫下物與位置。實際、廉價、有學理根據的操練。

★ 刺激觸感與認知協同的物品猜謎。記得與生活相關的物品特別重要，圖為口罩。

也要理解引導時若一次用到視覺、記憶、判斷多重功能則挑戰是否太複雜。透過練習，許多人可以學習維持能力。

還有一個長寬高各約四十公分的矩形木箱，四周挖洞，裡面放生活用品。學員輪流把手伸進去摸來猜是什麼東西，用到五官連接思考判斷，能說出來自然就練習保存用語表達能力。老師說許多有效幫助維持能力的訓練，

32 https://lekar.folkhalsan.fi/spraklekar/kimlek-

可能人不會在家自己單獨練習，但來這裡可能進行。

運動課選擇有足夠空間、不會相互碰觸的地方，而不是站在自己的座椅旁勉強的動。有些在戶外，通常圍個圓圈，可以彼此看到，而且動作簡單可是有運動效果。

如果是集體去森林，老師會設計各種路徑與標示，陪伴一起，設法走回來，不斷練習觀察記憶，過程中看到的樹葉、花朵，練習聽各種鳥鳴，用手機 APP 搜尋對照，或摘了什麼果子，這些都可成為回教室後老師可用的後續學習資源。往往起先有少部分學員不要去，但後來看到大家高興都跟著去，偶而也會去森林中的小木屋一起烤火。

★ **運動課程要幫助人無挫折且愉快有用。**

課程有堂失智新知，從學知識理解生活，不會過度放大問題，也鼓勵大家表達看法，例如覺得自己周圍的人對失智的看法，以及個人如何自處維持生活保有原來的品質？讓彼此知道不是只有自己碰到挑戰，而且可以互相支持交流。這也幫助大家就醫求助能更清楚表達自己的意思。

室內課程休息間隔有茶點，這些茶點是新鮮的水果、點心與咖啡，和平時在家相似，而不是那些看起來萬年一樣的塑膠袋包裝餅乾。有時一位老師進行課程，另一位預備茶點。

中午用餐，大家分工，從切菜到預備咖啡和擺盤，以及廚房的櫥櫃考慮失智者會使用，有加上較大的字表示來引導尋找原料。每位學員要想一想為多少人份量預備，還有烹飪工具操作程序。

參與這些過程分散備餐負荷，同時練習維持日常生活能力，老師穿插其中支持大家。雖然有時一下子找不到東西或想不起來，但不太可能所有的人同一時間發生同樣的困擾，所以總感覺人人有人幫忙而有安全感。老師要記得，不是所有人都沒有記憶與操作能力。

★ 老師看著對方增強彼此理解。

★ 手機辨識鳥叫軟體用於野遊腦力活動。

★ 多樣維持腦力活動且要有趣。

下午有一對一個別認知遊戲或個人偏好的活動，有時失智者看起來沒有能力應付一些活動，可能是沒有興趣而不是真的失去能力。下午回家前有一天總結，讓每次來的過程有固定結構和儀式，回家可以運用學習的能力掌握生活，學生表現都有記錄下來。

個別支持

失智者人人興趣能力不同，所以每次來下午有個別活動時間。Birgitte瞭解學生後，可以酌情給新的事物而不要都是舊的。只要他們能負荷，得到新的生活經驗也很好，有助生命更新。

除了課程設計，在學校的所有過程也可能發生各種個別化協助。二〇二二年那次筆者參與，起先也看不太出來這些學員真失智嗎？下課大家要回家的時候有位學員在衣架旁停下來，和職能治療師不斷比劃討論。

原來，學員知道自己的大衣，沒有拿錯，可是忘記怎麼穿。治療師並不只示範程序，而是引導學員想，並一起討論學員穿的衣服有多少內外拉鍊與鈕扣，或許可以選擇更容易穿脫又保暖的衣服。也就是來這裡，除了練習維持生活能力，要是有些遇見困難，有人可以支持怎麼辦。

從失智者的眼光和生活角度看，來到這學校，總比在家一個人不斷重複面對挑戰的孤單焦慮要好。至少在這裡一天，也就讓一週七天至少有這段時間得到相互支持。能幫

★ 要回家忘記怎麼穿衣，由職能治療師來教。

助別的同學也是很好的經驗，感到自己失智仍然可以發揮功能，保有自我價值。減少壓力，對失智者是很重要的生活品質。

二〇二四年有位學員眼睛看不清楚，來上課時表達煩惱日常生活受到干擾。兩位老師，一位是護理師Monica，挪威有非常豐富完整的在職教育支持護理師進修失智專業。這幾年挪威已經培養許多專長失智的護理師；另一位是特教老師背景的Lisbeth，在失智自我照顧學校貢獻了教學法，醫學與教育搭配互補，例如引導失智者如廁，不全是醫學，還有教學法引導患者。失智會讓人看不清楚？Monica知道腦部受損的學理和此人的病歷怎麼看，指出某人傷到

★ 特教老師與護理師互補教導生活能力。教失智且視障者如何上樓回家。

大腦管視覺的部分。Lisbeth 沒那麼熟悉醫學，可是有多年引導身心障生活自主的經驗。兩人互通有無，無疑是跨域合作。結果 Lisbeth 根據 Monica 的解說來掌握學員的困境，當教練，從患者能力變換新的生活方式多用觸覺以便獨立生活。

例如在家倒水看不清楚滿了沒有，可以先倒一些，用手指接觸水杯內試試看水高如何，然後再倒。上下樓梯怕摔倒，改成扶扶手外，有幾個動作加上觸碰樓梯。從視覺接軌認知行動轉成倚靠觸覺接軌判斷和行動更多，模擬回家後的生活以便能用出來。

這些因應生活需要而調適的方法，不知道讀者身為局外者感受如何？覺得嫌麻煩？覺得不可行？其實這需要根據患者個別特性與需要，而老師要友善地嘗試應用知識與經驗溝通，找出最實際對方能操作得來的方式。當然這需要耐心，耐心是老師專業素養的一部分，要有愛也有專業技能，沒有什麼很快、很急、不經思考的方式可以解決。

有位熟習這種引導的牧師曾說：「如果照顧提供者什麼都想快，某種程度或許也表示有點懶，得自己省思避免」。建立信任非常重要，之後可以善用有限的服務人力，學員更能自助。如果教學互動環節粗糙，可能帶來更大衝突與負荷，然後抱怨人力不夠，其實未必都是真相。

展望未來

Birgitte考慮到其他地方包括其他國家可能好奇如何經營這種學校，畫了複製需知圖，想傳達的意念是一切考慮都想到「以人為本」，以房屋圖表達。

- **地基（地平面以下）**：最底層是在地文化，其上是「認知」、「身體」、「社交」、「日常生活」四種功能。
- **房屋框架（地平面以上）**：屋內元素有「適合的室內空間」、「裝備教與學能力」、「按差異化提供服務」。
- **屋頂（人字形）**：兩邊分別有元素「結構可預測」、「人與物的資源」。
- **屋外元素**：左右各有「連結社區發展」、「外部活動設施」。

主張這種學校不應在安養機構或醫院裡面，而是另有一個地方像學校，有多樣活動，學生理解意義，學生在意其他同學，相互幫助，努力自行解決問題，後端有老師支持引導。這是挪威第一所失智自我照顧學校，有些政界人士在鼓吹，希望全國各地都有。因為十萬失智者的挪威，二〇五〇年失智者將倍增，這或許是走出負荷不可測未來的機會。

2.5 丹麥慢性病自主管理策略

引言

長壽年代慢性病患者增加，耗費可觀醫療經費更使人長期處於所謂「活不好（成）、死不了」處境，甚至感到無奈。學習與疾病共處成了一種生活素養，需要知識、態度、技能，不是正規教育課堂的內容，有賴成人終身學習。丹麥注意到肥胖、糖尿病與心血管疾病盛行，除一般宣導，同時不斷發展更親民的次級預防對策。首都哥本哈根中央車站走路大約半小時的地方有個健康中心，多次有丹麥朋友推薦筆者去參觀。主責計畫醫師 Charlotte Glümer 博士分享了理念與做法，有效預防是最省錢的醫療！

哥本哈根約有六十三萬民眾，百分之五有糖尿病（五成沒有得到照顧），百分之十到二十有得病風險。這裡含糖與油的好吃食物太多而且民眾很享受，除一般人生活節制意願，也有些新移民或弱勢者非常缺乏相關知識。政府擬訂新的公衛防治計畫，訴求團體與標的疾病（第二型糖尿病與心血管疾病）。

擬定二〇二二至二〇二五年計畫，設五十位員工專責統合型研究中心，含護理、物理治療、社工、祕書、生活品質控管諮詢人員，還有多個合作夥伴機關。客戶來源由家庭醫師轉介或民眾自行參與（該國採取公醫制度與臺灣不同）。

為了計畫效能，重視研究中心的空間與地點位置，整合五個糖尿病中心為一個大的專責中心。執行地點十二個變四十個，由中心統管。把對應的服務更簡單容易執行，以便運動推廣。也是考量要幫助他們，要發展不同方法，所以聚集人一起比較容易共同尋找創造適合方式。

從總體國家政策來看，首先不是直接討論用藥或單項健促活動，而是營造對所有公民都有預防意義的基礎建設，且從民眾生活動線看有連續一貫性。

都市規劃同步考量有利民眾容易做健康生活選擇的誘因，把首都變成全世界自行車最普及、多於汽車兩倍的環境。自行車車道寬到容許三輛單車來回，降低汽車停車空間量，多挪空間給單車用。所有公園和公共空間角落設計成適合運動與冥想，讓民眾容易、平等在日常生活享有機會與資源，例如適合瑜珈、照顧花園性質的活動等搭配。計畫策略以貼近日常生活達到身心健康為目標。

❶ 只有走路與單車的新橋鼓勵運動。

❷ 都市規劃擴大自行車與行人運動機會。

❸ 鼓勵騎車上班運動的捷運配套設計。

一、設定目標群體（我們爲誰而做）

政府相關政策要找出主要群體，發現四十五歲以上、低教育程度、缺乏資訊網路、失業、獨居最該協助。然而這群體的人有很多生活問題，往往糖尿病在這脈絡下不被優先重視，調查發現共病者忽略其中的糖尿病（重視程度排第十），被形容成好比住在都市裡的偏鄉。

二、預防、治療與復健原則（我們如何做）

1. 以人為本的價值。
2. 再用較寬廣的健康公衛概念。
3. 把利害關係人（家庭、社會）一起參與來推廣，以支持人得到有品質生活。
4. 伴隨合作研究證據來說服大眾，以推廣健康促進。

三、布局優先方向（我們做什麼）

1. **增加全面凝聚力。**避免民眾在來往不同的醫療單位之間失落，所以公共衛生要聯合起來，執行的有品質。
2. **重視健康平等。**不要因為新政策而產生新的不平等，推廣任何新政策都先考慮是否帶來更多不平等後果。
3. **重視心理健康（因爲罹病會焦慮緊張）與實務導向知識中心。**目的是從日常生活過程，不必太多刻意額外的方式與投資，維持身心健康。
4. **設計實作知識中心。**提供新知和研究證實的健促方法與模式。

首批對兩千位確診尚無嚴重複雜急性心血管疾病民眾衛教，三成五是移民。追求多種方式走向健康「真平等」，對待受苦的民眾。這個中心的空間設計和服務流程概述如下：

一樓有運動空間。空間寬廣而較少固定器材塞滿，這樣可以適合不同群體、不同方式的運動，可以兩兩一組。同一運動處方還有骰子擲後，有不同強度和要做什麼運動。但其實納入計畫的活動，八成的活動在戶外（跳舞、騎車），該中心為來此參加計畫的民眾規劃時，就想到納入運用中心周圍的資源。

一樓到二樓，如同丹麥其他復健中心，逃生梯不僅只是逃生用，更不是用來堆雜物，而是同時利用樓梯與空間做六分鐘計畫行動前後測試。

二樓到四樓有糖尿病廚房與會談間，其實這個中心好多設計與我國國健署推動，但阻礙重重的樞紐計畫的夢想非常相似。

民眾按所約時間來了，到會談間諮商一小時。房間設計成容易專注的一對一諮商，而不是像菜市場一次許多人來往，即使頻頻點頭卻可能有聽沒有到。搭配問卷，瞭解疾病問題、生活期待，打字投影在螢幕來討論，然後共同參與決策。患者需要什麼？該做什麼？擬定目標計畫。

★ 先有健康中心課程後轉介社區團體。

Charlotte Glümer 說：「許多人從家庭醫師建議來，但這裡的設計不要像安養機構與醫院，包含椅子顏色都特別設計。這裡是教育學習的地方，認識飲食設計。這是溝通互動，不是看病」！

如果經討論而參加烹飪課，一起學習做，一起吃，思考如何吃，慢慢吃，避免吃快而多吃，慢吃使頭腦提醒吃夠了。同時有社交功能，不看彼此是病友，而是成人共學，注意他們的動機和目標，然後來設定介入方式。重視對話、介入的結果，在過程中積極主動溝通。先前用醫療專業人員指揮的，現在用平等傾聽的。也許祖父想帶孫子去遊樂園，從內在動機切入。

民眾不論從醫院、復健中心、家庭醫師而來，

★ 多樣社團銜接健保定額次數衛教後續自我照顧，有志工協助。

也要學習先預備好才來。執行前聚集，填問卷電腦計算，繼續用顏色把民眾的狀況分類標示說明。分健康狀況、心理狀況與疾病狀況三類。這些問題的細目舉例包含：婚姻、幸福感、疾病導致心悸、性生活快樂否、血糖控制、多久擔心風險併發症、就醫經驗如何、對自我管理的信心、對來找治療師的信心等。

根據自我評量給的分數而歸為綠色（維持）、黃色（有點要注意的）、紅色（要動手改善）。填寫後顯現什麼是紅色，諮詢者在他們來之前先預備好。這樣，諮詢者更瞭解如何溝通。

表格右邊，民眾想要討論什麼？他需要什麼幫助？應有何種自我管理支持？宜有哪些室內、戶外教育課程？生活挑戰如何突破（飲食建議……）？訓練課程同時帶動創造社會關係，一起學習改善，從而開創各種團體，例如糖尿病足球隊社團。執行後聚集、冥想，設法練習聚焦（控制自己）。

於是提供三大類機會與服務，包含：

1. **自我管理支持。**每天有什麼挑戰？有哪些併發症，做什麼治療？支持健康生活、心理健康、促成好的生活習慣。

❷ **體能活動。**室內外運動，積極的運用公共設施，參與健身、球類、間歇性步行，還有瑜珈、正念和維持活動的關係網路。

❸ **營養飲食建議。**烹飪監督、實用技巧、社交、更健康的選擇和個別諮詢。

營養諮詢不只用說的，所以有自己做的廚房，促進飲食技巧。提供的食物圖涵蓋不同族群。週二到四晚上七點有服務，以求服務資源覆蓋率，平等給大家。小團體交流共學知識，一起反思每天生活、一起建立計畫。考慮包含少數族群，有阿拉伯等語言服務。

希望推廣積極活躍的教育，所以使用視覺卡片，用互動方式，問民眾的生活、情緒、患病參與得到什麼經驗與感受，收集資料，含量化與質性，瞭解民眾感覺得到什麼改變。

★ 幫助有效以人為本衛教的討論卡。

★ 用共同參與決策方式支持人改善問題。有概念也有方法，甚至個別化。

初篩病患和計畫初步執行成效，然後有後續跟進作為才有效能。因此包含遠距訓練，每六個月追蹤一次。除了進步，也檢討為什麼有人退出？也許可以改進，瞭解「為什麼」才能改善計畫效能。每個月兩個週四醫療人員半小時視訊會議一起學習，碰到什麼挑戰，然後有個案研討，每個月所有工作人員聚會檢討一次。看趨勢，是否要調整改善方式。如果有，放入新活動。要看病人多少人回答，如何提升回答率。這是創新基礎，而且每次都把研究結果公開。

二〇二五年這個中心離開現址，

搬到首都北站，這是更多人來往的地方。讓政策與資源盡量接近民眾，才能有效推廣慢性病控制。新的中心空間設計又再次翻新，乃是根據先前研究來設計調整。

這個計畫初步成效包含參與者改善控制疾病因子，糖尿病壓力降低。BMI 中位數降低，糖化血色素改善，不運動的比率降低很多。

主責醫師認為，能改善生活品質，降低發病率與死亡率。有賴家庭醫師、醫院和地方衛政機關合作關係、由下而上與共享數據。有政治與領導決心，形成共同目標合作進行，研究人員全心投入。不斷進步的社會，是這樣推動公衛政策。

看了以上說明，不知道讀者想到什麼？或許可思考，我們都市規劃也在喊永續節能等，也有些城市致力健康友善城市。筆者曾請益擔任過地方交通局局長的先進，他表示都市規劃同步考慮大眾健康不是新概念，但是需要跨部會配合。以高雄市來說，滿街機車，真的更多民眾在目前的街道條件都上街慢跑，未必健康。甚至有次以防癌為名目的醫學學府的大型馬拉松活動，全部選手跑到路口還要被紅綠燈影響而停下來，綠燈一起動，大家一起吸氣跑，正好是機車加油排氣的時候。

另外，關於擴大自行車使用路面，在高雄也有，可是斷斷續續並且多處與行人爭道或被汽機車擠壓難以順利通行。這樣的使用經驗，有多少人願意用自行車上班？

另外，我國滿街是診所，好處是隨處可就醫，但要像丹麥公醫制度掌握民眾風險與數據不是做不到，而是需要診所、醫院與衛政單位配合，並且就資料共享研究部分有更彈性而嚴謹的規則，用積極態度來合作。

至於是否需要像丹麥有專責中心，或者我國的專責中心還有更優先盛行疾病要選擇？有賴更多專業討論與資料證據。但專責中心，無疑的是對民眾會有幫助。尤其對在升學主義背景成長而忽略健康知識的民眾，以及大眾媒體商業化，難有客觀非商業且有知識性資訊的社會背景下生活的民眾。

★ 環保有助民眾選擇多樣運動社交活動。正前方是世界有名的黑鑽石丹麥皇家圖書館。

2.6 丹麥支持在家老化——輔具服務

引言

支持在家老化是超高齡社會趨勢。為的是降低開發機構的成本，讓更多人在熟悉方便的地方享受生活自主。以往許多人不能在家住被認為不再適合在家。現在因為各種輔具興起，過去的評估理念也要調整。丹麥發展輔具多年，以人性化著稱。產品是結果，有清楚的價值觀和與時俱進的發展方法才能產生最切實際的成品。首都哥本哈根有福祉科技輔具研發中心回應了民眾的生活期待。

為了提供穩定有品質的長照服務，丹麥二次大戰後建立居家服務制度，而且有技職體系的照服員學校培養人才。二〇二四年每位學員要用大約兩年半到三年左右完成學習。學校教育重視使用輔具，而且許多是業界最新輔具，隨著學員實習，還帶入現場與在職者交流。即使如此，畢業就業後，政府在輔具研發中心還有「福祉科技輔具學院」

於二〇一七年設立，接待在職照服員來進修，確保他們跟上科技變化，正確使用。[33]

33 https://hjemmeplejetilaeldre.kk.dk/

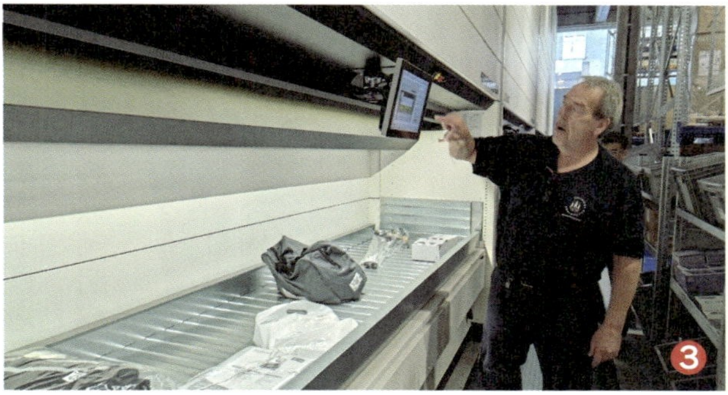

❶ 不同規格輔具盡量設計為零件共用。

❷ 輔具中心倉庫。

❸ 好幾層樓高的輪轉式多品項管理輸送設計。

同時，也收集他們使用的意見進而成為繼續研發的根據。奧斯卡是這學院的計畫專案主持人，他介紹的所有新輔具都要經過由治療師、照服員、護理師組成的研發小組才量產，他們是真正最常接觸客戶的人。職業服務者不只賺錢服務，他們參與實驗，臨場經驗還貢獻於新服務研發。

NOTE

這個國家不同職位的人很在乎平等溝通文化，很重視共同學習和合作發展，因為這樣才能進步而大家工作快樂。

研發流程階段表包含組成研發組，進行以下方面研發：需求與市場調查（取得資料、田野調查、前測）、功能探索（新產品初步看來對老人有用或夠友善）、價值測試（對照顧者的職業環境安全與幸福感影響如何？使用時間與先前人力服務用的差異多少？對長照機構的財務負荷如何？對客戶的生活品質有多大幫助呢？付租金和一次可以使用的最長有效可靠時間）、效能測試（原型產品放到護理之家和居服現場，大規模測試後計算驗證從服務提供看，總共花多少時間完成和其他因素比較統計）、系統性置入服務輸送體系提供客戶（含服務提供者與服務使用者）。

關於價值測試，奧斯卡的同事尤溫補充說：「研發前要詳細瞭解到底居服員要為老人做什麼？洗澡、協助穿衣服、穿彈性襪或其他？本於支持獨立自主是人的尊嚴。如果發明一項產品是讓老人自己來，這項產品要多少錢才能成為日常用品？若老人得到這用品，政府需要花的錢和提供居家服務相比能更經濟，就很值得開發，這也包含引導性燈光和其他感測系統等」。

寫到此處，筆者想到有次擔任居服員服務一位臥床長者，他不斷說：「活不成、死不了」。居服員通常都回答：「不會啦」！他就繼續喊，看來心情不好又無奈。當長者不願一直臥床由別人擦拭大小便，要求下床。他女兒害怕跌倒質疑，筆者評估他行動能力與意願以及對情緒與心理的影響後，提議與客戶的女兒一起協助客戶走到廁所如廁。他如廁完比手勢要求旁人提供他衛生紙擦拭大小便，但女兒不斷說：「你擦不乾淨，等一下我們幫你就好」。這對長者的自尊是個打擊，而且他不能決定自己要做什麼。筆者還引用在挪威的學習，想到老人看到我們在旁邊會緊張，而安撫徵詢是否我們可在一旁。然後婉轉提醒女兒讓他自己擦，萬一擦不乾淨我們再幫助。這時老人也沒有不斷繼續喊「活不成、死不了」。

這段故事看來居服員很人性，可是如果有丹麥的研發機制，這位老人早就得到自己擦拭大小便專用的輔具，免除上述的互動過程，這不是更好？再換個角度看，居服員多服務不只耗費公帑，而且重複低頭在狹小空間協助老人也增加職災風險，其代價更難以估計。

類似問題也發生在筆者去臺北的公立醫院，探視復健病房的中風朋友。外籍看護要協助他上下床去另一層樓的復健區，一天共十二次上下床。外籍看護累壞了，請不到人則太太協助，但太太本身小兒麻痺，不便與安全顧慮可想而知。若看護願意使用移位機或某些環節有輔具支持老人自己移動，不就走向丹麥輔具學院的意涵？這也連動復健病房要有足夠空間或動線支持天車或移動輔具，這正是丹麥為什麼要如前述如此系統化研發測試的原因。

晚近某些國內政府勞政部門提供補助，鼓勵基層服務者採購束腰等輔具降低職災。從以上丹麥思維看，一直在服務提供者的動作動腦筋，不如一併考慮到底哪些事可以讓老人自己來，這不也是「有溫度」？然後精算所有失與得再往前走。這也是服務倫理一環，或許也翻轉長照以往的公共支出成本上升曲線預估，是除了預防延緩失能活動之外，另一重要長照政策前瞻面向。特別針對居家服務，因為這是政策趨勢，也是最多老人使用的場域。

福祉科技輔具學院設有展示屋讓終端客戶可以參觀，隨研發更新，這裡的設施也更新，老人看了可以斟酌自己最需要什麼。新設計的老人支持型照顧住宅，也參考新的自主生活輔具設計，這樣消費者更願意選擇入住。這種福祉科技整合於居家，是北歐最重視的長照研發領域之一。

★ 乘客與輔具使用旅程需要完整設計。

為了倡議在家新生活選擇，增加相關人士的能力，學院設計教育、家屋模擬測試、隨身數位資源平臺三面向系統來推動。

教育分四個公共宣導階層。第一步是將福祉科技輔具納入服務，向老年人說明輔具的用處和評估方式，增加採用動機。第二步是同時教育居服員這些新知識，讓他們有能力辨識選擇合宜的福祉科技介紹給長者。第三步是規劃開設工作坊來測試各種輔具，培養訓練居服員的訓練者（也是居服員）。第四步是到府測試和置入服務。這是用八週時間的課程，以培

★ 必須來中心試用者的討論與體驗空間。

養到府測試的迷你專案經理們，主要是衛生所人員。因為前三步做好，在社區真正進行服務與更多系統測試，都需要管理調度的人。

家屋模擬與測試使用是讓居服員來測試屋，[34] 選用各種可能為了改善同一照顧的選項，也帶老人一起來選，以便最終找到老人最願意用的也是居服員理解真正適用的。這樣，可以避免浪擲公帑還讓老人繼續受苦。測試屋本身就是模擬一般人的居家環境而設計，護理師、居服員、建築師、空間設計師會與居服員、學校老師一起研究，這屋子裡老人在家生活潛藏的各種問題和需要。然後，居服員學校也使用一樣的測試屋，來教學練習以新輔具照顧人。

隨身數位資源平臺是等到教育與家屋模擬測試活動完成後，所有居服員的電腦都有資訊平臺APP，可以看到各種輔具的使用說明影片（拍得讓大家看得懂、願意看，而且不會看錯）和操作手冊，以及使用這些輔具需要的預約機制和使用維修、回收清洗的相關文件。這是最高層次的教育，希望層出不窮研發的先進輔具，讓服務提供者與服務使

34 https://hjaelpemidler.kk.dk/vores-tilbud/laeringslejligheder

用者都理解又能用，而且研究設法降低，且排除使用困難與障礙。因為增加專業、降低負荷而留住更多照服員願意繼續工作，能夠做的更長久。[35]

二〇一九年哥本哈根市政府導入十六種輔具到家，包含更容易握的筆，能快樂在家畫畫、訓練握力與手指靈活的工具、聽覺不好的人的鬧鐘、自己切菜、把食物放在盤子、帕金森者用的餐具（以免吃飯挫折而不吃）、有可移動彈性的扶手、擦拭大小便、各種支持繼續從事嗜好活動的輔具、中風後單手就可以用的生活工具、提醒上廁所與用藥的時鐘、白天與晚上自動切換以維持時間感，避免混淆造成生活與心理精神問題的生物時鐘參考燈光（尤其冬天或某些看不到足夠陽光的空間）、切藥機、自行點眼藥水的機器、提醒服務提供者並支持失智者自由活動更多範圍的標示設計與晶片等（手機有介面使失智者在全市都容易得到雙向溝通幫助），讓各種老人可以自己拿得動，而方便使用於日常生活又不容易製造新的傷害或麻煩。

老人是否因為這麼多輔具，未來還可能更多輔具而花更多錢以至於買不起呢？奧斯卡說：「這些輔具多半都是五、六十丹麥幣（約兩、三百新臺幣）的代價」。尤溫補充說：「這正是為什麼研發階段就要不斷注意價錢和如果繼續用居服員差異的原因，確保經濟效益。而且想想看，有的老人一天有四班居服員來協助吃藥或來幫忙點眼藥水，不只居服員來造成成本，而且老人得等四次居服員可能早一點或晚一點出現。天天這樣，如何影響老人自主性、生活彈性、時間運用與心情等多種生活品質」？

奧斯卡說：「實際居服流程，如果輔具較大型需要多一點的說明解釋，才能讓老人順利用於每天生活，則照管專員會在預防性家訪和失能後到府評估時就解說並與老人討論。照管專員通常有治療師與護理背景，要有能力提供這服務」。

哥本哈根約六十三萬人，從事健康照顧約一萬人，用到居家服務與復健的人也近萬人。地方衛政機關業務包含幫助就業困難的人、娛樂休閒、社會福利、科技輔具等。全國平均老人占總人口比率百分之二十，輔具學院出現和意義不難理解，在長照經費不斷增加之際，福祉科技輔具一直被寄予厚望。但研發乃至服務輸送過程，還有賴周延細緻規劃執行，才能落實預期效益。

35 https://hjaelpemidler.kk.dk/for-fagpersoner/e-laering

2.7 丹麥支持在家老化——輔具研發

引言

醫院病人、急性後期社區復健中心、居家服務與機構都需要輔具科技。但隨著重視預防政策與管控有限資源，丹麥輔具中心不但重視感染控制、循環利用、員工安全、服務效率，更納入三段五級公共衛生預防思維，設立服務鏈相關專業人員合作，支持客戶復能和追求有意義生活的機會。這種服務設計系統重用治療師與居服員一起投入評估、激勵客戶獨立自主最大化和積極參與社會。這些概念研發、服務、使用、回收、清潔和客戶溝通，都在回應在家老化的社會期待。

丹麥法律規定所有暫時失能或難以恢復的民眾可以享有輔具，包含便盆椅、助行器、視障放大器等多種項目。民眾使用這些輔具不用額外付費因為稅收，直到不需要使用為止。[36] 使用資源以老人較多，另有一區專門服務非老人客戶。[37]

哥本哈根輔具資源中心[38]來自一個棄置醫院空間，員工一百多人，包括護理、職能治療、物理治療、外送、木工、技工與行政人員，沒有志工。

服務理念

考量政府推動預防延緩失能和尊重在家老化的期待，新一代輔具服務已經不只看到民眾失能，由醫事人員決定給什麼輔具，或客戶認為要什麼就給什麼，而是同步有兩個流程回應政策願景。

雖然輔具發達，但政府希望強化居服員素質，盡量支持客戶獨立自主，而不是輔具

36 https://hjaelpemidler.kk.dk/sites/default/files/2024-02/Udskrivningsbetingede%20hj%C3%A6lpemidler%20.pdf

37 https://www.kk.dk/borger/handicap

38 https://hjaelpemidler.kk.dk/

更多、依賴更多、失能更多、需要居服員更多、國家花錢更多。因而有個復能支持體系，不是只管輔具規格評估與叫送，還有如何瞭解客戶內心想什麼、他的感受，家人對客戶的影響。讓客戶在家能發揮自己的功能，從事有意義的生活。從這些觀點於居家服務時評估，再看要提供哪些新研發的生活支持性小輔具。

這種居服員於服務中引入小輔具，還要加上個別化配套體能活動的復能制度，一輪十二週，一週兩次復健訓練。居服員不在，希望客戶也做。結束後，引導建議客戶下一步去

★ 輔具研發，人才教育投資不亞於硬體開發，才能節約公帑。

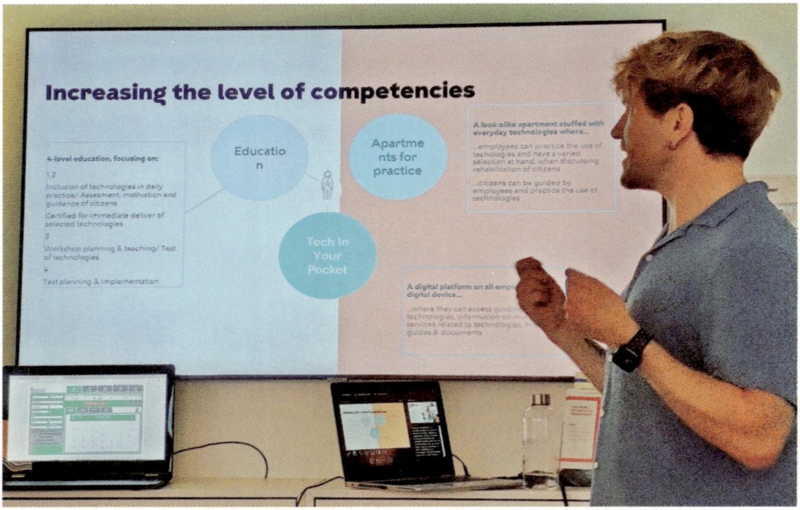

活動中心或其他地方。

各專業人員的協調太重要，才能節約、及時提供最安全有效服務，也確保每位該得到復健支持的人都沒漏掉。為了大家根據相同的資訊討論與評估，以上服務人員雖不是醫師，都可以從資訊平臺看到客戶的診斷資料，來做為評估討論參考，例如有些客戶只是太老，或醫師已經做過評估和診斷，輔具系統的服務人員得以瞭解而更有效與醫師討論或釋疑（糖尿病、身心疾病、用藥）。這種服務人員成為介面引導居服員如何介紹輔具給客戶的新制度，不斷推廣已經擴散到全國近一半地區。

流程一：評估連結資源

從民眾使用旅程來看，可能因就診，家庭醫師建議輔具或因照管專員從事預防性家訪和失能通報後的到府評估，而提議轉介輔具中心申請輔具。

若當場可以精確化，則聯繫輔具中心送來。若無法完全精確化或體型與用途特殊，則客戶可到這中心測試區，預先將各種使用情境與挑戰縮小化於此，由服務人員、治療師、諮詢人員協助各種狀態試用，找出手動或電動等最適合品項。

為配合來輔具中心選擇輔具，設有測評空間適合溝通不受干擾，以便於專業人員向客戶、家屬說明輔具使用方法並輔以圖說。工作人員強調，為有效溝通，氣氛設計非常重要，要創造好的感覺，非失能後又因來這裡而二次心理傷害。

這個中心每天有六輛廂型車，配合照專申請單，運

❶ 所有物品計算使用時間與難度等成本，決定要不要發展或調整發展。

❷ 測試與使用宣導影片徵詢關係人意見，包含住民、居服員、親屬與其他人。

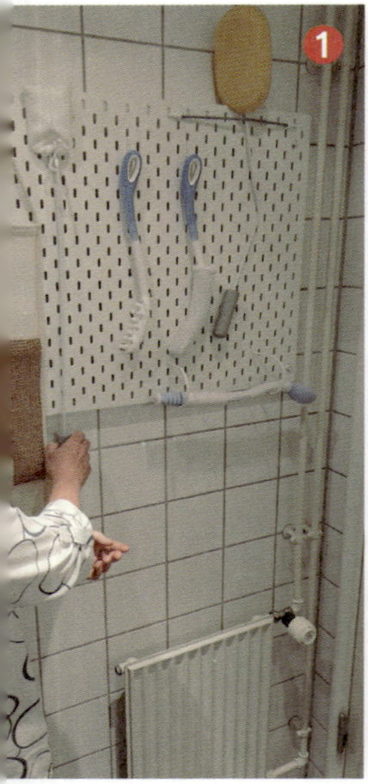

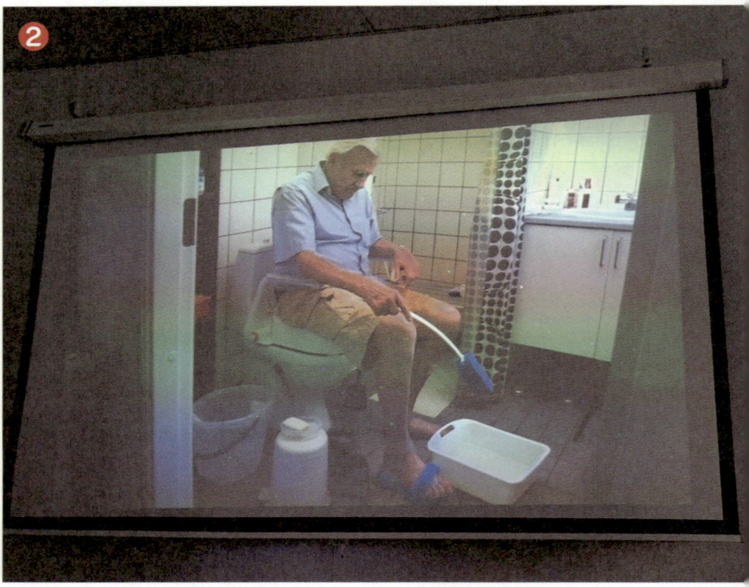

送前一天就算好數量與路線。運送人員送到家，不只搬進去，還要將輔具調整到完全符合客戶和居服員使用，才離開到下一家。

可想而知，為什麼丹麥長照課本有單獨一本是如何與人溝通，[39] 而且還有不同職務的版本，而不是說：「我是送貨的，不需要學溝通面對人」。

就項目看，輪椅和助行器是最大宗。考量全丹麥各地地形，所以各地區外出、下雪、室內用都不一定一樣，提供各種寬窄、支撐設計、顏色。同時要設計考慮摺疊與擺放空間彈性，使得客戶便利又不會傷害親友鄰居。

流程二：支持積極復能

輔具資源中心有兩位總諮詢治療師（物理治療師和職能治療師），每天坐鎮負責對此中心外派各行政區的治療師後援諮詢。這些外派每天專責巡迴各居服辦公室的治療

39 https://ssh-moedetmedborgeren.ibog.gyldendal.dk/

師，則負責到各居服員出班前開會、領器材的辦公室，定期進行教育訓練，訓練居服員承擔更重要的第一線支持復能任務。

當照管專員初評、提供顯而易見急迫需要的大型輔具後，居服員接受進一步評估工作，以便從客戶真實生活中觀察瞭解到底客戶能做什麼？客戶想做的事情有哪些環節有困難？居服員應該在哪些部分提供支持？哪些部分不應過度接手承擔，以免干擾客戶自主尊嚴和導致加速失能？

例如照專與客戶議定洗澡服務或其他長照服務。居服員去從事洗澡服務時有個表單，每次接手個案要評估客戶洗澡時，到底客戶能自己做什麼？需要外人幫助到什麼程度？喜歡外出，哪些過程有困難需要幫助？這些觀察都登錄起來，輔具中心掌握客戶能做什麼？需要什麼輔具，包含支持自己洗澡、如廁、煮飯、園藝、逛街、怕走失，有助減少別人幫忙或生活不安全感的各種小輔具。居服員評估觀察，若不懂可以問巡迴諮詢的治療師。治療師還有不確定的，再問輔具中心那兩位總諮詢治療師。

為了培養居服員搭配治療師一起服務客戶的素養，巡迴治療師每天去各居服辦公室諮詢，也開工作坊引導居服員之間角色扮演，來進行同理失能模擬訓練，幫助居服員反思怎麼溝通，是怎麼對客戶說話的？怎麼引導客戶？幫助居服員執行工作前想得更周延，也避免居服員無法掌握衝突或衝突難解。確保對同一客戶派出的不同居服員都能確保復能品質，降低居服員個人問題造成服務問題的機會，然後與居服員討論執行復能遇見的挑戰。

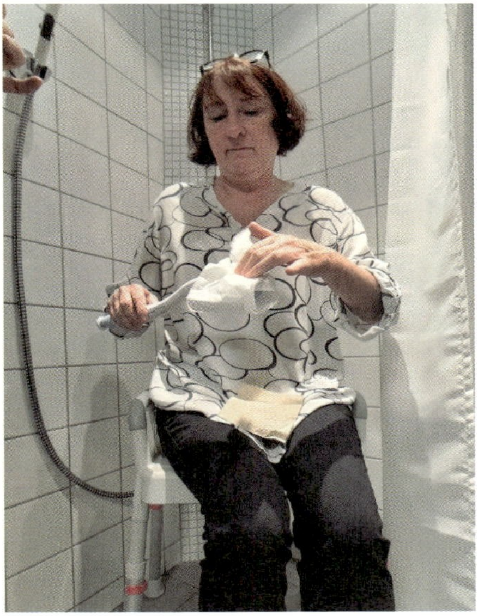
★示範自己擦拭大小便不用別人協助的輔具。

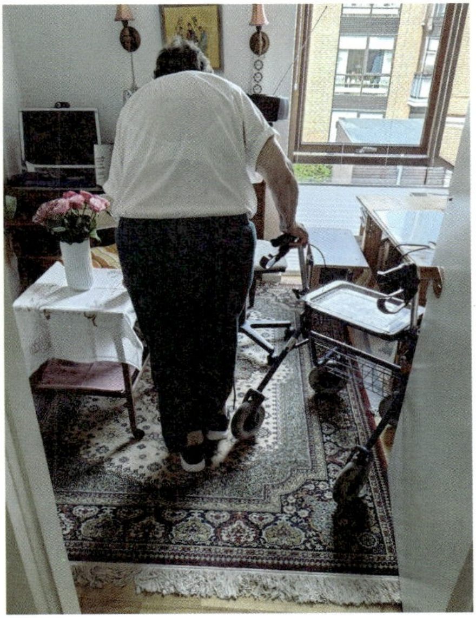
★所有輔具考慮居家空間安全實用。

居服員提升職責而持續受治療師巡迴訓練，不用寫訓練報告，但要寫他們面對客戶遇見什麼？做了什麼？以便治療師諮詢更有效率。

總諮詢治療師舉例，若居服員寫紀錄提到「客戶很難搞……」，則治療師會關切不應該是這樣看客戶。如果客戶對居服員或照管專員表達沒有力量整理家務，需要更多服務，但服務提供者看到客戶家裡美麗的庭院，不要以質疑客戶騙我們來討便宜的想法與客戶溝通，而是從美麗花園以欣賞角度繼續與客戶對話，實在有疑問可查閱醫師的診斷報告。也許客戶真的可以做園藝，卻不能

★ 治療師巡迴居服單位共同促進服務。

清理家裡。或因為清理花園已經沒有多餘力氣去清理家務，服務提供者要這樣考慮客戶的處境！

希望諮詢鼓勵，造成居服員注意觀察找出重點訊息。總要保持好奇心！到了客戶家，對環境四周瞭解，想想為什麼是這個樣子？要多問為什麼？聚焦看什麼對服務使用者最有意義？這才有用！

總諮詢治療師說：「政策重用居服員還有一背景原因，因為治療師數量有限而且有時間限制，居服員彈性相對多，又是最高頻率看到客戶生活真相的服務者」。

制度背景補充說明

丹麥居家服務沒有我國晚近增加的A個管，有排班行政人員和居服主管，但我國居督的工作在丹麥大半由照管專員承擔。

該國居家服務是一天四班（早、中、晚、大夜）二十四小時制度，同一客戶可能一天有好幾位居服員來服務。丹麥以公家居服系統為主，居服員就近在同一區四處服務，個案夠多而不像我國私人居服公司林立，同一區可能個案零星或不穩定甚至搶案，或私下怕客戶太快恢復，失去案量影響營運收入，各自採取認為最有利業務策略。

居服員養成時在基本生活照顧課本，就有大量篇章教導和定義居服員職責，有包含執行服務項目時支持客戶復能，包含「見縫插針」敏銳觀察客戶生活過程，找其中適合機會，誘發鼓勵客戶維持能力過有意義的生活。另，照服員學校有專書養成復健進階知識（*Sundhedsfremme, forebyggelse og rehabilitering*）。因此，居服員能看懂治療師提供的評估表，而不能說自己是居服員所以看不懂。

★ 特別重視研發的科技倫理，每種研究都經過這個步驟。

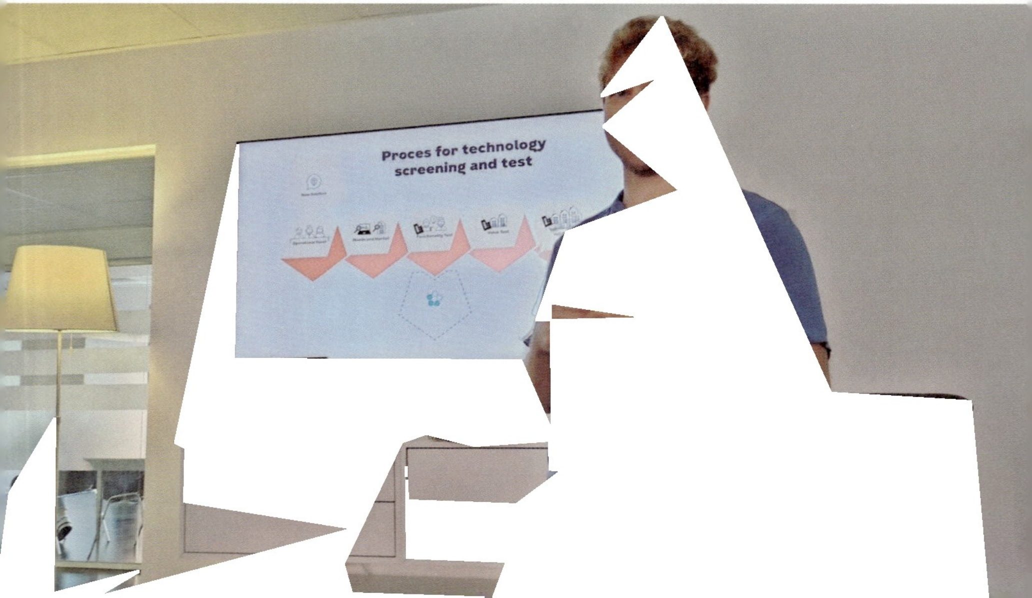

更重要是，政策希望支持第一線照顧提供者，不要害怕風險就消極保守，而要以創造發展的態度、策動客戶得到最大意義的生活，強化主動社會參與能力，扮演貢獻社會的角色。

居服員雖然在學校學了近三年，有十六到十八次實習。入職場仍可能要求治療師提供諮詢，或因職安知識不足而不當判斷或使用輔具，甚至沒有跟上新發展，這都要靠巡迴職能治療師守望，用科學根據友善地解釋輔具機轉、效率數據、規範來改善。

總諮詢治療師說：「大家一起工作、一起合作，沒有人悶頭弄自己的」。若居服員提的問題難直接討論解決，則去客戶家裡觀察居服員實際服務過程，以幫助居服員不斷更新復能知識，來強化幫助客戶的能力，降低與客戶的衝突。居服員可以詢問治療師，還有同儕相互討論來增進評估溝通能力。

為了有效與居服員交流，資源中心設計數位輔助教材，支持理解能力不一的居服員同理客戶和學習技能。反思到底這客戶問題是什麼？而不要嫌客戶動作慢，要有耐心和溝通能力與引導方法。[40、41]

即使丹麥從幼兒園教育已經重視平等、友善溝通，有這種文化基礎，但治療師仍非常重視諮詢居服員時，要設法不要用教的，而是用對話的，增加居服員及客戶的參與學習動機。

資源中心空間設計

地下一樓是檢測清洗通道。[42] 回收輔具走這個通道分辨還能用否？不能用的丟棄，能用的開始攝氏六十度清水清洗，整個流程約三十分鐘，然後化學消毒。之後有選樣細菌做品管測試，不是所有輔具都能用大量清水來噴洗，有些部分需拆解手洗。所以，原始設計就要連這些管理層面都考慮。

測試用材料和測試樣品定期送德國檢測維持可信度，這顯示整個通路設計非常重

40 https://www.youtube.com/watch?v=7C0rESFMzm4

41 https://www.youtube.com/watch?v=MPuuihnkXhg

42 https://hjaelpemidler.kk.dk/viden-om/afproevning-af-hjaelpemidler

★ 舊輔具檢視過濾空間。

★ 控溫隔離的清洗消毒空間。

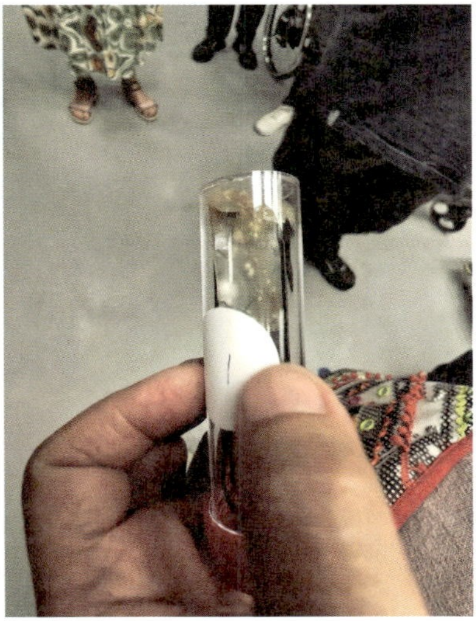

★ 輔具表面感染源測試劑。

要，因為要時間效能和感控衛生。

輔具中心二〇二四年預算為四千三百萬丹麥幣（約兩億一千五百萬新臺幣）。在失能者需求不斷膨脹時，要控管預算效能。平均每天外送六十件、回收六十件。輔具若故障不用運回中心，而是到客戶家就地維修，平均每天到府維修三十次。總回收使用率約五成，提升循環使用很重要，所以設定標準款（占八成），然後再依據標準款調整發展個別差異型，盡量縮減品項與規格，才容易替換零件和因規格化便於運送與清潔。

一樓有新品倉庫區，一年花八千五百萬新臺幣採購。另有一些為民眾訂購的並不需要送來這裡，而是直接送往客戶家。

重視效能與職安

輔具中心所有動線如何保護員工設計細緻。由於輔具種類很多，由手掌大到要用卡車運，所以這個中心研發了八層樓自動化升降倉庫（類似臺灣地下機械停車場概念而更複雜），加速效率同時降低意外。搭配各種升降機與天車來保護員工，例如移動病床完全不用搬。因為單一搬運的重量、壓力和單一品項也許不特別重，可是一天拿很多次就可能產生風險，而需要被工作環境安全系統計算，包含細菌、化學、空氣等相關防護設備。

此外，每個地方都有容易看懂而詳細的安全與使用說明。如何設計這種說明非常重要，而不是有就好或因應評鑑而已。每個告示都非常清潔、清楚，而且字體與用色很容易閱讀也考慮幽默感設計。這些經過系統設計，很難迷路、弄錯又能印象深刻。

★ 普及於居家服務的天車也用於輔具中心保護人員。

除硬體規劃現代化，服務客戶要人性化。客戶申請使用過輔具，用過多少種與用過多久，這裡都有紀錄，以便這客戶覺得不再適合要再物色更適合輔具的時候，服務人員能很快瞭解為什麼不適合，和如何較快找到下一組可能適合的。

或者所有適合的輔具現在在哪裡？在誰家？這些數據照專也都能掌握。有時照管專員觀察，認為客戶適合這種，可是客戶認為不是這種而是另一種，就可以從電腦找資料再試用來調整。

網站特設快速通路，將輔具分類後，比較急用且超過六十五歲者，走這申請管道，

43 例如許多人都是來急著要助行器，這個快速管道對客戶不稱「失能者」而稱「平衡不易者」。

★ 輔具維修重視員工職業安全。

總結

顯見的是，丹麥輔具服務模式有賴照管專員、治療師、護理師、居服員，提升倫理、知識、策略三方面的素質，及合作的能力，還有支持合作的行政系統。

43 https://hjaelpemidler.kk.dk/vores-tilbud/hvis-du-oensker-et-hjaelpemiddel/kvikservice-faa-et-hjaelpemiddel-med-det-samme

★ 重視社交影響健康所以重輔具。

晚近我國也在推動預防延緩失能，推演更回應客戶需求的長照服務。丹麥輔具研發與資源運用提供我們對國內執行的失能評估(ICOPE)、樞紐計畫、社交處方、居服陪伴與三段五級預防的第三段如何連貫落實，且平等觸達所有需要的國民，都可參考。

長照經費即將上探千億，可是服務人力更吃緊，客戶經濟能力與公共支出財源很難再只靠菸捐等維持穩定。我們下一步是認為文化不同難以類比？長照從業人員要調整養成方式？或從國家總體高齡政策重新思考相關資源如何導入更有效能的服務流程？有賴大家願意合作發展來找最適當出路。

★ 從生活需要研發以支持獨立自主在家老化。

3

創造（服務）

3.1 荷蘭心智障礙者就業
3.2 荷蘭伊索姆綠色照顧農場
3.3 丹麥「高興基金會」── 心智障礙者貢獻社會
3.4 從歐洲看推廣中高齡男性長者活動
3.5 丹麥木匠利他創新
3.6 挪威老人自營據點營運
3.7 挪威社福商店兼具健腦社交功能
3.8 挪威心智障礙者表達意願軟體
3.9 漢娜的分享與提醒
3.10 芬蘭視障者樂在工作多樣化
3.11 芬蘭遠距居家照顧

3.1 荷蘭心智障礙者就業

引言

多年前李總統到南部身障機構視察，機構當然準備最好的呈現。筆者因採訪站在一旁，內心在想，「為什麼所有人都做一樣的紙盒」？其他人覺得筆者很奇怪。以後到了歐洲才知道，這個好奇不奇怪。其實我們的身心障或社政課本也會說人是獨特的。然而在實際身心障支持工作場所能個別化，要突破好多環節。

如今因醫療發達、重視人權，越來越多身心障輔導重視個別化、豐富生活和有生產力。這與「給他們點事做打發時間」，甚至「不要來煩我們服務提供者就好」不太一樣。荷蘭是身心障照顧的先驅，因應潮流，發展了更完整的體系，彰顯的不只支持生活，而且創造價值，是很好的預防延緩失能之策。而且，有的人其實可以接受更多挑戰才會繼續工作得更快樂，不要因為我們觀念的限制而限制他們！

個案故事

以下是荷蘭北部幫助四千名心智障礙者就業的輔導組織科西斯（Cosis）[1]的故事點滴。

梅雷爾：「人們通常對日間照顧中心或小作所有一定的印象。患有唐氏症或嚴重智力障礙的人在這裡工作，我所在的地方有各種各樣的人，不同的背景。唐氏症的男孩確實為我的同事們帶來了好氛圍，這讓我很高興。你也可以這樣看！如果有一天不如預期，你可以取消或只來一個小時，那就太好了！這有助於平衡」。

梅雷爾：「我發現自己有點難以預測，這讓事情變得困難。第一天我可以處理兩個約會，第二天我可以處理四個約會，有時也沒有，無法預測我的大腦如何運作，保持平衡確實是最大的挑戰。我正在做計畫，看起來計畫很好，但突然間事情太多了，我無法應付，我嘗試安排緩衝時間（每個活動之間的時間）或恢復時間（活動後恢復的時間）。

1 https://www.cosis.nu/

但有時我會忘記安排足夠的時間來處理事情，然後事情就會出錯，第二天我崩潰了。使用重力毯很有幫助，音樂也對我有幫助，或一些分散注意力的事情，例如用數字繪畫。我創造出美麗的東西，如果什麼都要求不會出錯，那我就不用自己想任何事了」。

費姆克：「當然每個人都有自己喜歡的工作場所，因為我們已經學會了在很多地方工作，所以當我們完成自己的工作時去幫助別人也是很自然的。我們自然而然地感覺自己是公司的一部分，與其他人沒有什麼不同，使得這裡成為一個絕佳的工作場所。你從事重要且有意義的工作，就有歸屬感。一開始我們主要在洗衣店工作，但現在我們在許多地方工作都得心應手，多樣性也讓工作充滿樂趣」。

凱琳已經不再待在家裡了，她有動力去處理專案。以前害怕失敗或被評判，現在有不同看法。「建立新的聯繫仍然令人興奮，但我的意志大於我的恐懼。以前我關注的是可能會出現什麼問題，而現在我已經體驗到我能得到什麼。如果談話不順利，我並沒有失去任何東西，只是獲得了一次經驗。我瞭解到，如果對生活有正面的看法，就會自動給自己成長的空間」。

凱琳：「我已經在庇護者中心自願擔任語言夥伴大約兩年了，我在那裡給小孩讀書，我們玩遊戲來學習荷蘭語。我也是一位女士的朋友，她不再活動，有時感到孤單，然後我會豎起耳朵傾聽。夏季期間，我住在有日間活動的露營區，期待著幾個月後與孩子們一起在那裡進行有趣的活動並照顧動物」。

凱琳：「我發現很難與其他有類似感受的人分享，我的經驗是必須發現什麼對自己有用。可以給自己一些時間，事情不必馬上改變，可以按照自己的步調進行工作」。

以上三位的故事，讀者看了感覺如何？他們得到幫助的單位沒有大張旗鼓地說自己提供無縫接軌的亮點服務，或者把核心價值用大布條貼給外人看爭取募款（員工卻未必知道那些價值對每天工作的意義是什麼）。

然而從三位得到幫助的人經驗到的生活，可以看到他們過著更有自主、安全、創造的生活，用健康的態度看自己與別人，有好的互動。這並不容易，可是這是事實。因為背後有很多人以耐心、知識和共同參與的方式認識他們、瞭解他們，聽他們的意見，觀察他們的感受。支持他們得到適合的，但不以別人的觀點來限制他們能追求的。他們能過這樣的日子，周圍的人不也省心嗎？

有四十年時間參與非營利組織科西斯 cosis.nu 發展，住在荷蘭北部的 Nicolay

教授，也是世界上成人智障者閱讀能力提升的先驅。他促成許多工作指引發展得更容易理解應用，轉變了成人智障者的社會參與和生活品質。

Nicolay帶領筆者到大賣場[2]來看他與朋友如何支持心智障礙者過日常生活，成為社會一部分。他相信心智障礙者的每種行為都有功能，如何發掘能力有賴更多研究，然後發展社會環境支持促成更多美事。

培養職場友善推手

一樓有咖啡廳正要營業，好幾位唐氏症等各樣服務人員，按著興趣與當日身心條件分配工作。有人用吸塵器清掃，有人負責點餐，還有的準備從後場端咖啡、點心給顧客。一杯咖啡，小餅乾不能忘記，記得該擺在咖啡杯的什麼位置，然後用什麼角度、手指捏盤子的哪裡，放在顧客面前都要學習做出專業。工作過程設計盡量降低員工投入和預備時的困惑。有些顧客知道這店的特性，會誠懇平等的把「謝謝」說得大聲一點，這無損自己卻鼓勵特殊員工！

不論臺灣或各國，越來越多國家鼓勵企業聘用心智障礙者。然而實際上有的單位寧可被罰錢也不願意或者勉強用，卻未必營造適合彼此的環境和流程。原因包含不瞭解，與精神疾病混為一談。怕麻煩、怕出事、怕忽然打人、怕吐口水或忽然排泄、怕影響營業效率、怕……。

這裡能夠用好幾位心智障礙者，而且常態經營，因為柯西斯以付費支持來鼓勵廚師每週到大學社工系、技職學府去修習認識心智障礙和如何溝通引導的課程，[3、4]總共需要約兩年半到三年修課時間。廚師覺得

2 https://kruit-en-kramer.nl/

★ 不斷發展評估方式支持更多人能工作。

很公平，因為機構贊助他完成學習，他成全了機構的期待。而且聽聞臺灣社工一年休假天數，廚師說：「更沒有抱怨了」！

這種建教合作班有足夠學生，不是求人來上才湊成。科西斯與學校一起設計課程以便符合所需，學完有學位。畢業評量包含有筆試和操作考試，有八個面向評分，其中有能否協助心智障礙者基本生活衛生、知道怎麼因應危機狀況等，還要與員工一起設計工作目標，包含適量工作負荷和維持快樂情緒，因為有時他們容易擔心，要怎麼降低他們的焦慮，也就是不只學習技能還考慮人的個別感受。

這很有學習目標，和只是混學歷而找個學校入學大不相同。同一班來自不同行業想當心智障礙者教練的，有屠宰師傅、大賣場零售者，彼此相互交流專業和引導心智障礙

★ 專業達人邊學特教邊輔導心智障礙者。

者的經驗。學習過程有線上學習，也寫報告給老師討論，還有如何設計心智障礙工作坊的工作坊。

另外還有專門以學習者導向的課程，讓學習者把自己行業幫助心智障礙者的疑問都提出來討論，包含員工間、員工與顧客間衝突解決（例如顧客抱怨送餐慢要怎麼因應）。廚師說：「學員的反思非常關鍵」。

廚師每週一天去學習，其餘四天在店裡工作，引導特殊員工參與工作。廚師說自己入行二十年業務有成，不需要再努力做個成品去得獎來肯定自己。倒是能以自己的專業知識經驗為本，歡迎接納幫助心智障礙者，比繼續無限制努力賺錢的意義更大。他說他對照顧人很有興趣，所以願意學習當訓練者。他說人人不同，有的不能流利與客戶互動，有的可以，他覺得心智障礙者如何與同事互動也很有趣。

---

3 https://www.kiesmbo.nl/opleidingen/zorg-en-welzijn/zorg/persoonlijk-begeleider-maatschappelijke-zorg

4 https://www.ontdekdezorg.nl/beroepen/ambulant-begeleider-gehandicaptenzorg

完整配套的職務設計

咖啡點心店網站特別指出本店鼓勵心智障礙就業。Grand Café Hoendiep與科西斯合作，科西斯為智力或心理障礙者提供協助。在Grand Café Hoendiep，心智障礙者在指導下獨立工作。他們可以在這裡學習如何工作、與同事合作，並為客人提供幫助。[5]

廚師（老闆）Jelger辨識到咖啡店行業特性，許多人來不是趕時間吃飯走人，而是來談話、討論事情，甚至等人的。營運節奏不那麼急，這對心智障礙者的威脅較少。當然到底特殊員工投入後有哪些和一般員工不同的情形？還是要從中觀察而逐步調整。要有更多耐心，給他們時間，配合他們調整整個營運的節奏，平衡回營運實際節奏所需。

例如廚房如果是開放式的會有哪些問題？又例如有位唐氏症員工從後場端點心出來走到顧客前的過程，會趁人不注意用手指挖一塊點心表面的奶油或巧克力放在自己嘴裡，乍看有點噁心，但這裡不罵他、不笑他、不調動他，而是瞭解為什麼會想這樣？用陪同示範，耐心教導或者調整杯盤設計，或先吃過才開始服務等，各樣方式來降低再發生機會。

廚師的專業經驗不只貢獻於製造飲食，而是把經驗也用於怎樣調整流程可以確保品質且能包容特殊員工。對廚師來說，這不是負擔而是一種新的經驗發揮貢獻！

本於這種理念，廚師在營業外時間甚至設計工作坊，安排角色扮演來幫助特殊員工學習適應，例如同桌有三位客人怎麼因應？有時員工害羞或者把菜單放著就跑了，廚師要陪同練習，用溫和語氣教導示範。

提供教練課程的社工教授Ina問廚師：「沒學過社工有影響嗎」？廚師說：「生活經驗和自己願意繼續學習很重要」。Ina補充說：「其實這就像另一失智機構[6]有屠宰師傅轉業做為很好的服務提供者一樣」。屠宰使他學習工作流程，加上對人的興趣，一樣可以發展新生涯。

心智障礙者在大賣場有不同工作可以選擇，還有手工藝作品店，包含裝飾與實際

5 https://kruit-en-kramer.nl/grand-cafe-hoendiep/

6 https://www.goedemorgen.nl/

生活需要用品。糕點中心可不是練習教室，而是每天有時間性生產大量各式糕餅，這裡生產的餅乾就是咖啡店放在咖啡旁邊的。老師傅也去受心智障礙就業輔導教育，從糕餅師傅的生涯看，一輩子學糕餅，臨老還要斜槓學心智障礙也不簡單。但能幫助人的熱誠，加上到學校瞭解來學習者特性而設計成人學習方式，於是可以創造多贏。

師傅設計特殊員工專用的各種食譜和操作告示，甚至與特殊員工和烤箱業者一起研商烤箱液晶螢幕裡的溫度、程序說明和按鍵數量、顏色、順序、大小設計，與一般荷蘭麵包店不同。這樣，降低理解障礙，減少挫折感，增加安全性和獨立自主工作機會，其中也包含工作期間不可講手機等各種可能分散注意力的干擾活動。

★ 烤箱面板設計成心智障礙者容易可用。

由於教育普及，這裡的心智障礙者與筆者去挪威時一樣，能用英語接受回答提問。也因此，為他們設計的工作流程圖可以運用到讀的能力而非只能用圖，或圖文並用，這使指令遵從可更精確。廚師會把顧客訂單給特殊員工看以鼓勵員工，「你不是機器人，你的努力很有價值」！

長年協助身心障的教練 Wycher 補充，如果沒有專業師傅參與設計而是由一般大學生進行職務再設計，也可能做到一樣的結果，但是要花更多心思。所以，能善用有專業服務經驗的人協助，來設計如何支持心智障礙者，可以更有效能。

資源回收場乾乾淨淨沒有異味，有各種業務區，包含一大堆廢棄的行李箱需要拆卸裡面的金屬支架。這需要耐心和熟悉拆解程序，甚至一部分分析判斷能力，也同時維持認知能力，因為行李箱各式各樣。

拆了後零件拿去不同毒性標示、有安全設計警示的移動式收集桶。綠色表示可以自己處理，橘色表示一定要別人協助才可以打開使用，紅色的不准碰。包含垃圾、刀具各種有風險的物品，可以設計但不是怕危險而禁用。同時也考慮有些心智障礙者容易疲累，要調整流程與工具減少某些操勞。

★ 資源回收區顏色標示以便安全快速工作。

★ 圖示安全符號設計要讓人看得懂而非做個樣子。

另一區是各地運來的廢棄木頭，包含搬貨支架平臺、廢棄門窗等。這些需要工具把裡面的釘子用扳手拉出，操作需要槓桿也要注意不能被釘子傷到。

拆完了依照可用特性分類，拿去製造小型家具，例如板凳或者耶誕樹造形裝飾燈，或者一起開發更多實用家用物品。所有拆卸與重製要使用的大小工具都用造型輪廓畫於其牆壁，以便使用者最容易辨識放回。另有適合他們的友善量測工作桌，可以在上面根據特製的設計藍圖來丈量木材和切割，更快完成新產品組合時需要的

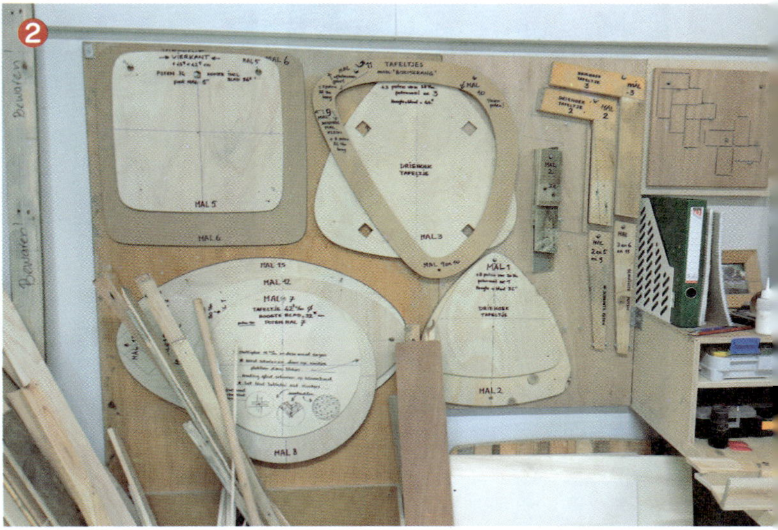

❶ 廢棄木頭有能力自己安全拆解。 ❷ 協助工作的量測輔具。

元件。

每個切好的木片上面會手寫提示字，幫助員工記得未來組合時如何用，且成品看不出來這些提示。這個工廠還製作影片讓更多消費者瞭解，與一般產品相似的產品在這裡的完成過程，使消費者更欣賞、有感，而願意採購甚至訂購。

木器設計完成後放哪裡存放？還要控管噪

★ 量測輔具幫助更多人發揮能力工作。

★ 工具輔助標示避免拿錯和正確歸位。

音，加上每天開工前開會提醒確認工作，讓員工投入最適合的部分，降低職業傷害與意外。

一旁還有人要駕駛起重堆高機，調度外面新送來的材料。工廠輔導者 Tjeerdsma 本身是技職學校[7]的專業木工老師說：「有時一些志工會來幫忙，一起發現員工個人特別熟練的職場才能」。

那位在咖啡店的廚師現在因為教導熟練，甚至「斜槓再斜槓」，轉而到木器工廠這邊來當指導員。他覺得換個工作場所，對他也有更豐富的人生！

★ 廢棄木頭再生聖誕燈讓派學生來實習助人的社工教授 Ina Holtrop 為榮。

7 https://noorderpoort.nl/

有工作又有創造參與

藝品區高達一半商品由心智障礙者生產，使用的黏膠都是環保膠，當初設計就是以整體永續和環境友善來設計。

後場有個專屬工作室，裡面有畫生日賀卡的，也有雕塑、獨特燈具等豐富客廳、浴室、庭院，甚至走廊的用品。除了工作節奏適合，而且心智障礙者雖然某些日常生活、行為、情緒與一般人不同，不過就創意而言很難講。因為想像力人人獨特自由表達，所以製造出的產品，有些甚至一般人也不一定做得出來，實實在在發揚了社工課本提到的優

★ 多樣化手工作品。

❶ 作品都是獨特而不是臨摹所以有價值。
❷ 心智障礙者對長程巴士可躺睡的想像繪畫。
❸ 有些心智障礙者觀察細膩作品豐富。

勢觀點。

有些員工的雕塑、畫的田埂與向日葵很美麗，一切材料運用由他們自己想像。還有的員工鉅細靡遺地畫都市大樓，或把長程旅遊巴士（Bus van）畫成一樓是椅座區，二樓是躺平睡覺的膠囊旅館區。這些都不是拿一幅畫在臨摹，而是從無到有的創造！花三天畫巴士的員工說：「這樣大家比較舒適旅遊，荷蘭巴士公司未來可以考慮」！在無壓力的情境，他們可以有無限的想像，把生活期待表達出來。

★ 職務設計重視個別興趣與持續工作穩定度。

這些特殊員工並不是在庇護工場而是一般商場，就以社會融合或最大程度回歸日常生活來說，都更有幫助。不論就個人尊嚴或實際生活能力維持都好，這有賴許多合宜的評估工具協助。[8]

按著功能等級分類，然後輔導人員協同家長一起評估心智障礙者個別的工作動機。因為一旦確認哪種工作，輔導人員希望他們可以一起持續工作。

政府提供不同給付支持他們的生活所需。等級輕的如一、二級，得到較多自由運用，三到八等級重的，有較多比例費用留下支付照顧所需。因為是集合住宅，失能儲備金運用更有彈性和競爭力。如何使用，代管金錢的組織要提報政府，這樣才知道哪些用於基本開支，哪些用於非基本開支的消費，哪些是住民的家長捐給孩子的，運用分配適切否？

他們不論去大賣場工作或在日照工作，有了所得未必足夠養活自己，而另有政府固定的心智障礙生活支持費。使用時由非營利組織代管各種生活支出給付，例如房租。

專屬住處

心智障礙者因醫療進步和被對待方式改善，更多人活到比較老。有一部分人比一般人更快衰老或有更大機會失智，但就法定年齡而言，他們是成人，所以提供他們居住的社會住宅。以往臺灣有些家長捨不得小孩，或擔心自己老了，小孩長大要去哪裡？

荷蘭北部心智障礙社會住宅的樓上，有家長老了可以居住的通用設計住宅。這些住宅不是安養機構，也不是病房式結構，而是一人一間或兩人一間，裡面有一般公寓的各種基本設施。這住宅可以永久居住而不是暫住，安寧時可住到八樓。

整棟樓最中間有社工與行政人員辦公室，筆者參訪的辦公室有四十位社工與其他專

---

8 https://www.pcsintjanbaptist.be/innovatieve-onderbouwde-zorg-pc-sint-jan-baptist-afdeling-amplia-in-samenwerking-met-hogent-sen-seo-en-sam/

★ 每天從一人一間的社會住宅出發上班。

★ 不再有能力外出工作的，可以就近到宿舍一樓日照中心繼續生產性活動。

業人員，還有實習生，他們輪班。在荷蘭，有人做幾成薪的彈性工作，也有全薪全職者，與我國不同，所以不能只看照顧比。

四周有四十位心智障礙住民，另有七間是一般民眾購買居住。有一部分心智障礙者成為好朋友，二十位搬到這住宅旁邊的出租公寓。

一樓有日間照顧中心。通常住民白天各自去不同工作場所（再次強調，不全都是心智障礙者的集中場所），下午下班回來。有些人年紀大了不再適合出去上班或不想出門，可以在一樓繼續生產服務與社交活動。所以，這個日照中心明顯地看出，掛了一整排工作服，不只是來唱歌、聊天、拿政府補助而已。

結語

如同 Nicolay 教授和以往筆者至北歐訪問相關場所的主管所說，大家也可以打打算盤，不這樣做，憂鬱、自閉、唐氏、各種身心挑戰者的社會負荷會更沉重。這樣做尊重人權，當中部分的人甚至可以有錢繳稅而更有尊嚴！相關關係人要一起從嘗試錯誤來發展。

此外，社工因與多種職場專業人士合作而相互學習更多專業職能，例如園藝、烹飪等，讓社工職能和貢獻社會的潛力更寬廣。

科西斯這類服務組織每六年政府評鑑一次。主管有些人例如 Nicolay 本身在大學教書，有能力從事研究。科西斯提供經費協同其他教授做研究，來評核方案是否恰當，員工表現是否該組織滿意，這類自評比由較少持續參與實務經驗的大學教授們來擔任評鑑指導更實際。他以自己任教的 Stenden 大學為例表示，趨勢看荷蘭的大學越來越喜歡聘用這種本身正在非營利組織或實務界工作的人當教授，而不再只是名校畢業的人。

由以上發展看來，促成心智障礙就業不單是提供技能養成，從研發到職務、環境、流程調整，乃至關係人的配合支持的素養，有一連串系統化作為，才能讓資源有效運用，人才有效發揮，社會各界同蒙其利。

NOTE

歐洲各國如何努力建立積極、合理的身心障礙者包容性勞動市場，請參閱 https://op.europa.eu/en/publication-detail/-/publication/d3e74c0f-faa2-11ed-a05c-01aa75ed71a1/language-en

3.2 荷蘭伊索姆綠色照顧農場

引言

綠色照顧近年在許多國家受到重視。原因包含農業受到競爭衝擊希望另尋營運出路或增加附加價值，也來自相關環境可包容更多樣民眾就業發展。從原始構想到發展出穩定的服務模式需要時間以及相關資源配合。依照不同的願景取向而牽涉農業專業、特殊照顧、就業設計、社會心理環境設計等專業知識，和文化、天然環境等多個因素考量。農業立國的荷蘭全境有一千個以上照顧農場，讓許多民眾受惠。位在荷蘭北部的伊索姆農場是這些農場中面積相對比較迷你的例子，說小而美應不為過，更重要的是，能穩定發展，或可供參。[9]

9 https://www.opewsum.nl/

環境簡介

伊索姆農場原來屬於十五世紀當地一個家族私有，如今還保留其中一個古樓，但不再當行政使用。地下室濕度與溫度環境良好，採收的蘋果很多暫存於此，到處都是蘋果香味。

農場後轉給社會企業經營，降低從無到有的建設成本，使命是「這個美麗的地方為患有輕度智力障礙或自閉症相關疾病的人們，提供了受保護的工作環境，但也有提供老年人或長期失業者工作經驗場所」。

能接待許多不同背景的人在此和

★ 農場大門。

★ 一四九二年蓋的地下儲藏室仍在使用而到處蘋果香。

★ 種植蔬果很療癒情緒。

諧快樂的工作，感覺到生活意義價值，需要從他們的角度瞭解他們的期望、潛力，再構思職務再設計。這些專業知識在荷蘭已經有協助支持這種就業的公司。[10]幫助就業有困難的人到這農場在內的許多機構服務，不會賺大錢，但做到穩定收入開支。從商業經營這樣描述，但若計算沒有這類地方，社會要付出的福利有形支出和無法量化的國民尊嚴與親友照顧負荷，就更顯可貴，說多贏應不為過。

整個農場完整四方形矗立在田野，遠離工廠或都市等人為噪音，從連外道路到農場主體之間有兩排大樹的綠蔭廊道。從清晨到黃昏，晴天、

10 https://www.werkpro.nl/

雨天，甚至下雪各有不同氛圍。

進到農場裡，右側有上世紀才興建的行政主建築，裡面有咖啡簡餐休閒空間。後方有兩層樓大倉庫，裡面存放各種農具機，以及所有員工從外地來的更衣間、休息場所。

生產場所包含蔬菜、花卉、水果、動物與溫室等區，沒有生產量和契作壓力。有一部分為商業營運，也有的只是做些物種在地化實驗。農場這樣描述自己的特色：「花朵種類繁多、色彩豐富，令人眼花撩亂。花園裡不僅長滿了植物，還充滿了蝴蝶和蜜蜂，如果幸運的話，您還可以看到翠鳥飛過運河。錦鯉在那條運河裡游

★ 農場咖啡廳全由心智障礙者合作經營。

❶ 綠照顧包含植物還有動物。　❷ 動物不會歧視餵的人是誰。

來游去，偶爾好奇浮出水面。我們不要忘記兔子」。

強調了農場特性如下，「茶室前設有植物販賣台，可購買花園裡有的植物。也許您已經為自己的花園獲得了靈感。我們在可收穫的季節出售蔬菜和水果、我們在花園裡種植蔬菜和水果，就像一八〇〇年左右。那片水果牆保留了太陽的熱量，甚至使桃子和杏子得以生長。我們使用所有新鮮水果和蔬菜來烘焙和烹飪」。

這裡對外不收門票，旺季一天可進出近千人，吸引人來的業務包

★ 冬天有溫室，可以繼續工作生產。

★ 戶外有彌補成本又有成就感和社會互動的花卉銷售。

含憑弔歷史、飲食店提供多樣獨特性與特色和選擇、商品銷售、辦展覽、舉行會議宴會、銷售木製昆蟲旅館和鳥舍花園與板凳、賣新鮮水果、內用或外帶「驚喜套餐」農產品與禮品、園區香草自製湯、精緻禮品。該區其他社會企業有聯合行銷網站，讓有相關興趣的消費者容易掌握消息，而且被列入荷蘭北部單車健行景點之一。[11]

營運概況

專業人員與志工合力支持近六十位工作人員維持農場運作，主責設計輔導營運的Janette女士學藝術而非長照或農業，荷蘭也不會規定一定要護理、社工科系才能領導。五十五歲的她陸續參加各種身心障照顧與綠色農場經營工作坊與論壇，如今帶領幾位社工和社工系實習生、營養廚藝等專業人士，與包含教育專長背景的社工一起幫助就業者。

11 https://www.pronkjewailpad.nl/

他們一起努力，設法讓來工作的人覺得來這裡比在住處（機構或家裡）更有趣，生活更豐富，有些特別的經驗。這樣，工作者才會覺得這是值得期待來的地方，甚至連假日都想來或期待假日趕快過去。

就業者住在附近的身心障安養機構或家中，交通方式包含自己來、親友接送和交通車接送。有結構化的時間程序度過一整天。早上八點到八點半陸續抵達，然後分派工作和預告未來幾天主要工作，例如兩天後有個大派對或展覽，然後散開到各自的工作場所。

十點半到十一點休息時間，十一點

★ 執行長（右二）解說看人優點與耐心都重要。

到十二點半第二段工作時間。十二點半到一點午餐時間，自備午餐食物，不可帶公認不健康的食物，例如油炸洋芋片等，其中十二點四十五分到一點可以拿手機出來接打電話。下午一點到兩點半工作，兩點半到兩點四十五分休息，兩點四十五分到三點四十五分工作。之後喝咖啡討論一下當日工作、更衣整理物品等候四點陸續回家。

由於實際上這裡業務多樣，所有工作者和輔導者經驗到的，不只工作，例如農場接了展覽案子，拼貼畫家克拉里（Clary）的作品許多與農作有關，很契合這裡。農場網站公告「透過絲綢拼

★ 工作環境營造幸福感、歸屬感，降低壓力。

貼畫和毛氈作品展示了荷蘭北部自然的美麗和多樣性。克拉里在作品中經常使用絲綢和毛氈的組合，並且總是在發現新的可能性。展覽還包括許多物品，例如由毛氈和絲纖維製成的花朵。在克拉里的作品中，對自然各個方面的熱愛發揮了重要作用，例如變化的天空、蜿蜒的河流、海灘、廣闊的視野和花朵」。這樣不時的展覽為農場環境氛圍加分，消費者順便用餐飲茶，豐富活絡農場，工作者不會覺得只是來工作！

這裡不是誰來治療誰。重視「友善工作環境」，不會對外說特別為哪種病人。但實際上考量過需要，例如不會很多噪音，設計個別工作方式等。

★ 不但適才適所生產而且要有社交互動。

支持要領

一位工作者在溫室桌邊，負責波斯菊苗放進培養土花盆後，讓其中的空氣排出。他的責任是要看到灌下去的水沉落花盆土中，設法使其不再冒出一個個氣泡為止。看著一個個泡泡很療癒，也知道自己在做有意義的事。因為這是這些樹苗後續能長大很重要的一個環節，他有貢獻！

Janette相信人人可以做有意義的工作，人人可以參與，只是要找到長處。工作方式給他們一點彈性，要維持讓特殊就業需求的人感覺到氛圍是安全的。他們不需要承擔很大的壓力，所做的是做得來的。這靠每一位來這裡工作的人一開始有詳細的面談和試作，然後簽約明載工作內容方式，希望沒有人覺得工作太繁重，每半年會重新評估一次。

★幫助生長要排出空氣有泡泡，易做有趣。

在農場附近幫助過很多人重返職場的身心障與失智友善專家 Wycher 說：「不少身心障者從小在家長大的過程，不像一般人有豐富的人際互動」。這農場提供他們直接面對人的機會，這和學技能一樣重要，甚至比學技能更重要。有一部分的人甚至比較「懶惰」被動，要他們一下子振作起來太沉重。這需要時間、空間讓他們適應、發展自立，不宜說：「如果你再這樣下次就不准……」，這是不好的引導方式。

輔導者在支持過程要一步步尋找切入點。看他在意什麼？擅長什麼？他怕什麼？如何去除？不能以為用罵的就能快一點，甚至導致害怕而坐下來、停下來，不知道怎麼辦，其困境有些可能來自照顧者對待方式。

Wycher 認為，幫助他們有的時候往前走一些又退回一點點，然後再往前。旁人通常太集中看什麼無效，應注意什麼有效。有時他們不會用說的，我們要去發掘。幫助他們建立自信是第一步，失去一點要再找回來。這是能發展的關鍵，而且這種知識可能課本沒有寫。

Janette 呼應 Wycher 補充說：「通往自信除了練習技能，不要忽略讓他們全程參與決定」。執行時，服務提供者和使用者一起練習。找出他們個人能做得特別好的，提供環境與互動讓他們得到正面的經驗，人人可以有正面經驗。

例如有的會泡咖啡，真的能泡很好的咖啡，只是使用的時間比一般人長一點。當他們承擔了農場提供訪客的下午茶，這比起一般快餐的營運方式，步調本來就可比較慢，這正是適合給身心障就業。農場管理人員一方面幫助他們，另一方面也要教育消費者。

又例如，下午茶排隊或點餐的人多。顧客可能覺得怎麼這麼慢？管理人員要提醒，排隊的遊客看不到或不瞭解，下午茶服務的有些是身心障者，他們真的能做得很好，只是需要一點時間。或者他們並沒

★ 適才適所發揮潛力又不會太大壓力。

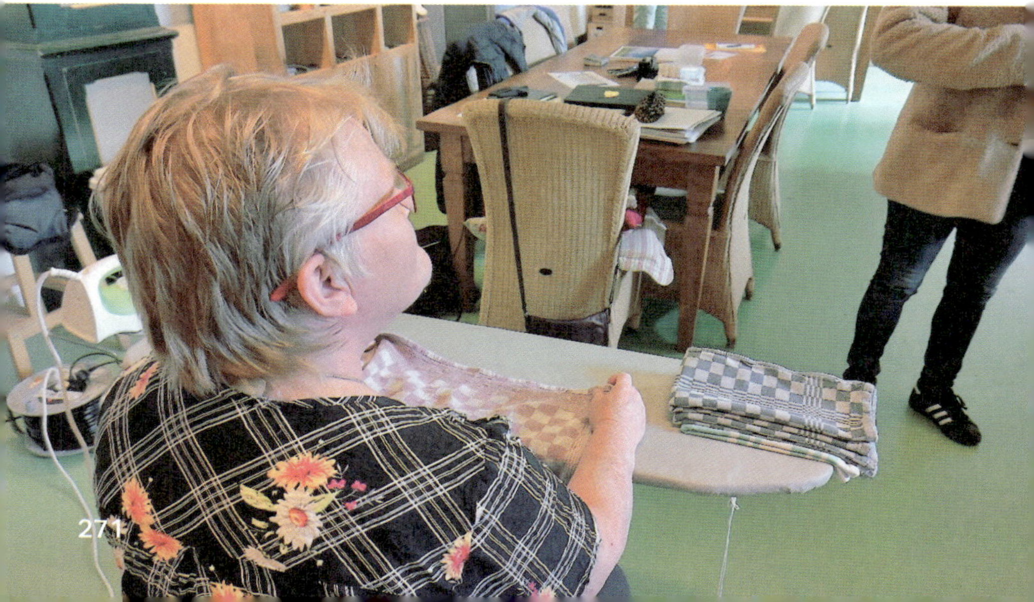

有一般人的生活經驗，覺得自己動作比較慢，甚至不知道為什麼客人抓狂。通常快要起衝突或顧客不耐，不知道服務人員是身心障，Janette會出面保護他們，說明「他們想做好工作，請給他們一點時間，多數時候他們的確做得很好」。顧客實在不願配合，會委婉請他們到別的地方選擇飲食。這樣，身心障服務人員有安全感，因為知道得到支持。

農場讓工作者找到適合的職責，不會感覺負荷太重。設法讓他們常因工作得到好的感受，不會容易憂慮，這也是農場像家的感覺。Janette常向服務人員傳達一種看法，世界上人人都多少有點性格或心智方面的失能。服務人員表示很同意，他們回應：「是呀，就像Janette的辦公桌那麼亂，恐怕也是有點失能吧」！

溝通要領

農場不論專職管理輔導人員或實習生都有共識，盡可能讓工作人員參與發展工作設計。這包含溝通方式，只要工作者提出看法，常以「這個想法不錯」來回應。這並非流於形式，而是從設法瞭解意思進而謀合最適切作業流程。輔導人員看到可能要注意提醒之處，則會用「也許這樣……」來表達。避免強制意味，聽者反而更容易專注考慮別人的想法。

有些人只是表達比較慢，但頭腦思考或動作很快，每個人的特性不同。開放的態度使更多人可以自在和貢獻。有時，雖然有既定工作內容，但工作人員發現廁所不夠乾淨認為應優先處理。輔導人員回應：「這很重要，不然消費者來怎麼給人好的感受呢」？從提議的回應讓提議者感受到別人瞭解他的用心和意義。

也有時，輔導者未必完全理解工作者的意思，這時輔導者要表達歉意，稍微停一下工作，然後雙方再重新出發。如果比較單純是工作者的情緒或習慣問題，則會將工作者友善地帶離現場，安靜下來私下溝通，再回到人群中。

筆者在現場聽Janette解說時，正好有位工作者跑來表示，過幾天是工作者的媽媽生日，也許可以做一個蛋糕，是否可以聯繫媽媽？Janette表示支持。工作者就去打了電話並來向Janette表示，「媽媽說可以」，這時Janette回應可以繼續進行蛋糕製作設計。

Janette 把握機會讓工作人員覺得尊榮，實際上由於不斷練習和食譜設計過，許多工作人員逐漸學會操作程序。多數人後來只要得到指令就能自己按步驟做，不需要每件事重複問才敢繼續下一步，這正是增能和養成自信的過程。

由於生意好，常有電話打進來，工作者要幫忙接。農場設計了一套禮貌清楚易學的回答常規儀式，讓工作者可以負責接電話的任務，例如「請留下號碼、姓名，等一下我請經理回您」。

工作者晚上並不住在這裡，假日也回家。和臺灣面臨的挑戰相似，有些工作者可能離開這個環境又回到另一種生活方式。Janette 提供了他們不在農場時遇見困難可以打的電話號碼，支持他們維持生活常規習慣。

★ **員工言語和接觸都用的互相支持，尤其語言有障礙者身體接觸更重要，有助幸福感。**

除了輔導者與工作者溝通，也提醒工作者之間要相互尊重。一起工作的場合和休息喝咖啡的場合不要談別人的「八卦」，包含種族、性別等。由於工作者各種年齡都有，難免可能產生愛情火花，輔導人員也要稍微留意不致影響工作。

志工參與

農場工作人員各司其職，有些部分由志工協助，例如一位學習特殊教育、專長生物學的老師Leontine，六十八歲，並不喜歡在一般特殊教育學校工作，過去二十五年選擇專門幫助輟學生的學校工作。那裡有些心智障礙者，

★ 退休特教老師來當志工。

❶ 安全標示易懂又吸引人看。 ❷ 學習生產也從服裝學習安全規範。

也有些人非弱智而是自閉症，或因家庭不幸、父母失和等原因而輟學。

她累積豐富與不同學習困難的人相處的經驗，來這裡擔任志工。和學校相比，這位退休老師說：「在這裡看到很多事發生，參與協助但不用像以前在學校承擔主要照顧職責，還能享受發揮能力與興趣幫助人」。

這個工作環境安靜、彈性，讓志工也體驗到沒很大壓力。她知道如何協助人，有些來此之前很少與人溝通的人，她會嘗試如何伸出援手，幫助這些人開始與人接觸，例如志工觀察發現，這位以往人際困難的人在週六農場市集場合可以在觀察補貨的工作有很多貢獻。以前別人看他不聰明，其實不然，這是發現人能力的例子。

整個農場有大大小小的事要做，有些可能並不複雜，例如育種時清理廢土。但大家理解每件事都很重要，也就是每位工作者的貢獻都很重要，整個農場營運流程才能順利。志工穿梭其中，引導不同種類工作提供給不同的工作者。

菜圃需要編織建造爬藤架子超過工作者們的能力，志工來做。一旁整排鬆過的土才撒種，志工引導工作者來往菜圃之間清掃時小心避免穿越破壞，因為其實土壤中是中空的。只要工作者展現任何改變原來行為而能配合，志工也會如 Janette 相似的語法回

★ 需要複雜智能的基礎架構由志工完成。

應工作者：「對，那是很好的做法」！很自然的，這變成促進發展社交能力的環境。

結語

荷蘭氣候與農業和人文背景條件形成許多照顧農場。可能沒有大量使用綠色照顧這樣的名詞，但實際上早已善用自然環境支持弱勢照顧。以上說明可見，穩定有品質的綠色照顧由多種資源構成，不只自然環境，人際互動影響可觀。因接待的對象特性不同而有多樣參與方式設計，最終讓所有人，服務提供者、使用者與消費者都能得到良好的氛圍，滿足生活期待。因為彼此顧念包容的心，加上不斷嘗試累積新知與經營模式，讓回歸大自然的體驗更豐富有意義。

NOTE

關於荷蘭農場結合長照，另有一以失智、身障和創傷源為主的，與本文支持心智障礙、精障就業的不同。請參閱筆者另一本書《高齡友善新視界》。

3.3 丹麥「高興基金會」——心智障礙者貢獻社會

引言

心智障礙服務組織有新聞媒體，是宣傳募款？這個機構不是這樣。它報導節目，讓更多人認識參與相互幫助。還兼餐飲事業，大概是拜託人家買月餅？不是，它接受客製宴會餐點。有設計部門，大概是做點複製品，自己好玩、消磨時間？不是，它以獨特、原創能力為許多商品設計包裝而且營利。丹麥一個基金會一九九九年成立，幫助許多心智障礙者就業，是丹麥最大的社會企業體之一。越看其涉及範圍與層面，越覺得心智障礙者在這個國家好像無所不能去，無所不能做。

一位用頭頂戴著頭圈，靠轉頭帶動電腦筆來遙控、觸碰螢幕表達意見的腦麻者，認真地設計商家訂做的包裝紙圖案。他不是來復健，是來上班，來接單，按著客戶的期待來設計。

在辦公室，他的動作緩慢，但沒有很強的時間壓力，只是花比別人多一點的時間，但每一秒感受到自己的價值與尊嚴。因為每個人是獨特的，不論腦麻或沒腦麻，人人的生命經驗和學習累積所發展出來的創造能力都不一樣。也就是在接單設計的場合，比在操場跑步更平等，展現他的能力，參與服務貢獻了社會，而且自己掙得收入。這只是「高興基金會」[12]每天來上班的三百位員工之一。

為弱勢發聲創媒體

這個基金會最早由電視記者 Henrik 看心智障礙的姊姊從小長大的過程，有感心智障礙者常被排斥、發聲機會有限，往往都是周圍的人決定他們的生活，不一定聆聽或瞭解他們的期待甚至雄心，因而在讀大學時拍攝了以姊姊為題的紀錄片《Pernille》引起社會注意。

之後 Henrik 到地方電視臺服務，遇見媒體製作訓練人員和 Mikkel 從支持心智障礙者表達的目的，創設世界少有由心智障礙者擔任記者與製作人員的新聞廣播電視製作公司，要保障他們的言論自由與就業權。一九九九年有次內部會議，二十六歲的員工Majbritt說：「若心智障礙者能找到自己想要的工作應該會很快樂的」。提議這個公司命名為「高興」，二〇〇〇年這個協會向政府註冊為「高興電視」。[13]從心智障礙者走秀會宣布節目開播，每週一到週四各半小時。

這個媒體促成社會更同理心智障礙者，但不是戴著墨鏡、綁個鉛塊走

12 https://www.gladfonden.dk/

13 https://www.tv-glad.dk/

★ 全身萎縮者的生產用輔具。

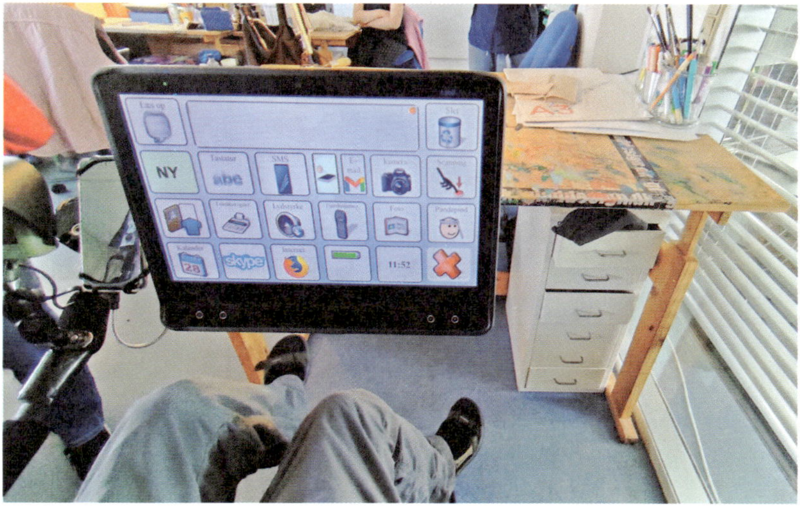

路，體驗一下不便那樣，而是更詳實的從故事理解他們在想什麼。讓大家聽到他們的想法，讓大家瞭解，不同的人都可以有豐富而展現價值的生活。這電視臺把《憲法》提到言論自由的說明，做為品牌標記。

Mikkel省思媒體呈現的心智障礙者往往有兩種，一是很快樂無邪，二是什麼都不能也不會。他們就這樣？可是他們的發言權呢？產製內容不是記錄特定人的生活募款，而是層面很廣的由心智障礙者當記者和主持人，報導新聞與社會

★ 世界第一個身心障礙記者的電視台。

★ 廣播主持人與背後照片是採訪過的各國名人。

議題，包含心智障礙者在社會的快樂和挑戰，也有心智障礙者去採訪社會各種對象，例如癲癇患者的生活挑戰和如何過著平凡的生活、如何追求人生理想。彼此瞭解，使更多社會不同的群體能彼此包容理解，能參與而不疏離，縮減社會不平等，降低照顧成本。

節目初期播出讓大家耳目一新。該臺有的記者起先口齒不清，靠唱歌來練習報導流暢，報導的內容和如何製作報導都受到矚目。接著女王也接受採訪，加上其他媒體把這個媒體當新聞而讓更多人看到，包含主要報紙與電視新聞，甚至遊民雜誌都刊登。導致陸續有專業人士熱情相助，或來兼職幫助或來當志工，支持心智障礙者熟悉媒體作業，越來越興旺。例如媒體部的製作技巧和編輯採訪選題，有曾在丹麥公共電視（DR）工作的人來幫助他們。節目於丹麥公視、其他電視媒體和網路播出報導。14

內容包含用格鬥舒壓、體驗消防工作、旅遊服務、死亡議題、影評、保持身材、電玩世界如何有包含心智障礙者也能享受的設計、盲人虛擬實境活動、從游泳體驗自由感、如何買車、新的交通工具、社交焦慮的人怎麼克服障礙享受生活、心智障礙者專用的電腦控制器最新發展與體驗，甚至到他國採訪含特殊奧運，許多名人採訪如丹麥總理、法國總統等。15

募款圓夢擴展服務

根據基金會的文獻，成立媒體後要繼續經營必須有穩定預算。在丹麥，當時有個制度，經濟部部長會定時在市區酒館讓民眾排隊，提出期待需要資源和政治支持才能實現的提案。

Henrik 去排隊，每人限五分鐘，他說明自己為心智障礙者發聲的理想，還加上打算促成就業的願景。因為解釋要時間，時間很快到了，旁邊久候的人已經在噓他。經濟部部長 Marianne Jelved 耐心地聽，後來同意以勞動、健康、社會事務特別預算來支持。

不久後 Marianne 轉任文化部部長，Henrik 又追到文化部，說明想支持心智障礙者發展設計類商業活動，又得支持。就這樣，財務在屢經風雨中稍微穩定。

許多員工從面試就不容易，連政府自己介紹來的人，政府都懷疑這個媒體能掌握得住這些人嗎？例如有面顎缺損的人連講話都困難，這些靠工作人員耐心引導，給時間和空間，有些後來終於能表達和參與工作。

之後基金會逐步發展，正好丹麥有另一群人 Jesper 與 Lars 正在努力發展心智障礙者為演員和戲劇內容的表演，雙方合作於二〇〇六年成立「高興劇院」，有自己的多

14 https://www.youtube.com/@TVGlad
15 https://www.gladfonden.dk/news/en-saerlig-samtale/

媒體劇場與配合燈光音響練習，包含盲人共十六名演員，一起組劇團不斷突破自己表演的極限或界線，投入職業性演出。[16]

劇本很獨特，共同參與編劇和表演方式，表達他們的世界和他們的潛力，而且要有趣、好看、感動人。例如舞臺劇《你的眼光！我的視線》，[17] 這些表演引起共鳴，演員Anna Sophie很難想像若無這個劇團，她能去哪裡工作。但她有表演的潛力和興趣，這提供了表演舞臺，也是人生舞臺。

二〇一三年成立外包餐飲中央

★ 劇場表演討論。

★ 人人設計都是獨特。

廚房，由專業又幽默的廚師Søren Gericke來協助。[18]他相信人都有能力，覺得這裡的員工都有潛力，和他們互動是自己這幾年最大的收穫。「高興廚房」以不浪費食物和新鮮著稱，承包公司宴會、研討會客製點心，也負責其他餐廳的半成品製作（客戶包含丹麥公視）。

由於心智障礙者的生活處境，許多人營養知識不足而生活方式不健康。投入這種重視營養、新鮮可口衛生的餐飲業，也是提高健康識能的好機會，效果不亞於一般衛教，還學習自己烹飪與合作分工的能力。

看到創意的潛力，後來發展設計部，與多個百貨公司與商業團體合作包裝設計，有手提袋、插圖、床單、燈罩與自營網購節慶商品。這和只是拿一大堆半成品的組裝紙盒大不相同，而且發自內心，必然獨特！[19] 輔導設計部的Nathalie說：「很難講設計的效果如何？像這裡的員工設計過一個大象圖案就曾大賣，總是要不斷嘗試」！

至於服務部，可協助許多公司行號辦公室與戶外清潔，使用各種清潔工具和器材，許多和一般清潔人員一樣，而且做到丹麥政府要求的環境永續發展指標方式的清潔原料與操作方式。不只要求基本清潔，還要維護工作環境的健康與幸福氛圍。這些服務提供社會短缺的勞力，無形中等於也

★ 快樂創作商品，而不是臨摹打發時間或避免成為照顧挑戰。為日本等各百貨公司客製設計產品。

使員工跟上社會腳步，由做中學習理解丹麥政府與歐盟的 ESG 政策是什麼。[20]

基金會之後買下一個動物園做教育訓練和商轉服務，有八十種動物，還有旅館讓遊客與動物共宿是特色。

一般來說，各國幫助心智障礙者就業和學習要重視專業，有失能等級評估，然後再分類提供工作。這裡不聘治療師，而是由主管累積經驗，與各產業學有專精的有心人合作，透過嘗試，鼓勵員工表達感受而逐步發展而來。這種方式能做到這樣的規模，或許在學者專家看來也是異數。

16 https://www.gladteater.dk/
17 https://www.rabbithole.dk/your-eyes-my-sight/
18 https://www.youtube.com/watch?v=ew3r9v2lZN4
19 https://www.gladdesign.dk/
20 https://virksomhedsguiden.dk/content/temaer/baeredygtig-omstilling/ydelser/esg-hvad-er-det-og-hvordan-kommer-du-i-gang/571548b6-b1f5-428e-994f-6ffab6d8a756/

★ 基金會動物園提供與動物夜宿機會。

★ 動物園支持十四位心智障礙者就業。

★ 會叫的蟑螂是動物園賣點之一。

★ 心智障礙者經營的動物園的廁所。

★ 心智障礙者建造動物房舍。

發展教育培養後進

兩位發起高興媒體的記者很早就想到，業務增加最終將碰觸人才培養問題。於是針對事業的人才需求開設學校，提供媒體、廚房、動畫、景觀園藝、動物園工作等學習科目。有許多與這些主題相關的專業人員來當老師幫助學生，以Flex心智障礙教學法幫助學生。[21]

基金會說明，在Flex計畫中，學生透過參與公司的實踐來學習。培訓以團隊為基礎，在食堂廚房、大型商店、倉庫、療養院或維護戶外綠色區域的公司等場所進行。學生團隊擁有一位接受過業界訓練的常任學科教師和一位常任督導，超過一百名學生完成了Flex教育，其中百分之八十已經就業。對於所有學生來說，他們的生活確實比他們開始接受教育時要好得多。

二〇二四年春天，六十名年輕人仍在開始第一年或第二年的教育，統計已有一百七十家公司願意參加試點培訓。二十五家為培訓公司，一百四十五家為實習公司，學生在培訓的最後部分會短暫外出，以自己的雙腳站起來，證明他們透過培訓培養的業務技能。

而且繼續與政府擴展教育實驗計畫合作，讓在一般班級是心智障礙的人有更多不同的學習與發展機會。

「高興基金會」對認知障礙青少年進行培訓試點，初步結果表明，經過兩年的培訓，青少年已經瞭解了企業需要的東西。他們有的自閉或注意力不集中等各種學習障礙，提供適當的環境和社會互動才能降低衝突壓力達到學習就業的目的。學習包含動畫、烹飪等各種未來由基金會銜接入職場的服務，相關的影片可在網頁看到。[22]

他們有專業穩定的管道繼續成長，具備更多社交與就業機會。在心智障礙者壽命如一般人受惠醫療而越來越長之際，持續良好的教育幫助他們從不同職場發掘能力，同步也有對應的教育支持他們的發展能力，使興趣、能力合於社會需要之處，實在是多贏而有尊嚴。

21 https://www.gladuddannelse.dk/flex/
22 https://www.gladuddannelse.dk/ringsted/

筆者在挪威、丹麥、荷蘭採訪，一再發現許多心智障礙者可以用英語與筆者交談，而且豐富的表達看法。現在終於瞭解原因，看看這些國家花多少心思研發心智障礙者的閱讀、理解、應用知識的能力，幫助他們更強的生活自主。

始終重視彰顯人的價值

至二〇二四年，基金會發展到在丹麥四個城市有分支機構，員工三百位，其中一百五十位是心智障礙者，其餘許多是失業重返社會的就業者，另有一百位實習生。按著個人興趣與身心條件，投入包含清潔、烹飪、教育、設計、採訪等。當各國政府用政策要求企業進用百分之三到五不等之一定比例心智障礙者，許多業者寧可被罰錢也不願的時候，這個基金會有想法而能持續經營的確不容易。等於用了五成的員工是心智障礙者，且員工還有很多是失業者。

籌款過程沒有走教育部、衛福部，而是經濟部、文化部，較少醫療等嚴苛的評鑑和資源動用難度，把經營取向盡量接近一般公司行號的營運模式。雖然沒有牽涉特殊教育與治療的繁複，但同時他們邀請到許多不同行業的高度專業人士參與協同。所以，一般企業追求永續、環保和營運特色他們一樣不缺。

主管之一的Hanne說：「基金會屬於社會企業，一方面用專業服務獲利，要能平衡財務支出。但這不是唯一衡量營運的準則，還有一樣重要的是，運作流程與環境必須是員工感覺快樂的，而不是來工作的機器，或沒有選擇的被指揮做事。所以工作期待、步調、休息、與社交都要考慮」。有位中央廚房員工看到筆者路過感到好奇，與筆者交談，後來才知

★ 外包餐飲的工作者已經服務二十年，是工作，也是社交和歸屬。

道他從事廚房工作已經二十年，也就是基金會一開始就來這裡就業。表示這裡是可以久待的地方，從來這裡上班，為客戶工作，參與意見，發揮能力，和被送去日間照顧中心或每天在家裡很不一樣。

基金會網站強調：「我們提供的不是數字，而是快樂的故事」。意思是不全然用數字看人的價值或冷冰冰的營運績效而忽略人。又說，有心智障礙者一起互動，這個世界更豐富。陪伴筆者的員工說：「他們要一起挑戰心智障礙者究竟能發展到多大極限」！

3.4 從歐洲看推廣中高齡男性長者活動

引言

二〇一七年澳洲扶輪社創建「男士工棚」（Men's shed），[23] 目的在營造公共參與平臺，鼓勵更多中高齡男性參與貢獻社會，同時增加社交、減少孤單，而且是有動機、有意義的手腦活化、延緩失能選擇，而且木工有無限創造可能。

這個組織名為「工棚」，實際上先有木工，後來衍生包含烹飪等各種活動。從網站說明可知，命名和最初活動內容來自地方生活文化。一如歐美許多國家，社區住宅後院設有工具屋，大者裡面放汽車或單車，加上居家生活用品、維修工具和園藝工具，從這種普及的在地脈絡而起。搭上老化社會，各界發想如何提高中高齡男性社會參與，「男士工棚」逐漸發展，受到注目。甚至有國際名聲，成為他國好奇、參考方案。

臺灣也是老化社會，一如許多老化國家，通常女性社會參與相對活躍，也在尋找鼓勵男性參與的誘因。因而引進「男士工棚」，並幸運得到政府政策支持而在幾個縣市展開嘗試。一如過去許多他國模式要引進國內，面臨新事物傳播基本過程，要釐清本質，以免如時間銀行，由他國引入補助推廣，不斷產生偏離本質的實例。掌握本質後，有時

---

23 https://mensshed.org/about-mens-sheds/what-is-a-mens-shed/

需要看民情與資源稍微調整、多方嘗試，然後看演變成在地生根或曇花一現，或轉為另一種風貌。

由於未來老年人口更多，鼓勵中高齡甚至超高齡男性參與社會，仍是社會挑戰與期待。因此，任何相關方案只要落實執行，經驗都可貴，能供進一步發展參考。

筆者曾在臺灣執行相關計畫時參與諮詢，後來在屏東兩度參訪現場並與學員交談，先單就屏東提供以下意見：

★ 老人木工不只工作，更重視強化互動社交（屏東木工坊）。

1 **社會環境**。園區不只一種活動場地，外部聲音可能干擾教學注意力。想想還有哪些社會心理環境因素可以優化？

2 **操作安全**。木工有粉塵和銳利工具，最好有更完備的口、眼、鼻、肢體防護。想想完整防護還有哪些部分可以細緻有效？

3 **不限性別**。兩性激盪可能創意更多，或女性可能帶來家中其他男性。想想哪些人不同原因動機參與而鼓勵他們？

4 **場地彈性**。木工需要思考操練時間，彈性場地與機具運用增加誘因。想想還有哪些時段方法規則配套適合磨練？

5 **教學方法**。成人有生活經驗與期待，多樣化聆聽共學有助參與樂趣。想想中高齡互相教學潛力與利基如何善用？

6 **鼓勵創造**。習得相同技術轉化運用，多融入利他思維擴展活動效益。想想容許個別期待投入豈不更有樂趣成就？

7 **強化行銷**。方案需要績效但別受限，冷靜思考潛在群體以有效招募。想想資訊如何觸達含 ICOPE 等各部會群體？

8 **擴大包容**。留意各種群體擴展市場，例如身障、輕度失智其他族群。想想哪些人的生活特別需要新的活動經驗？

9 **融入新知**。過去採用的工具技術塗料，可能因科技與環保不斷發展。想想有哪些相關新知可計畫帶入豐富品質？

10 **社交儀式**。活動本質不是個人技能班而希望豐富社交則可設計流程。想想場地程序如何安排操作增加對話樂趣？

11 **廣邀達人**。針對活動標的，地方可能有許多具備同類才藝專精者。想想該地區還有哪些人可能有意願能力教？

12 **慎選場地**。若用長者聚集人流最多地方興辦，可能遇見有興趣者。想想哪些場所是既有符合特性或值得開發？

13 **高齡友善**。來往動線、機具、用品、教材、流程，考慮長者需要。想想哪些方面可以強化以支持更多人參與？

另外，回顧二〇〇四到二〇二四年間於挪威、丹麥、芬蘭、比利時、荷蘭、奧地利、以色列、日本相似宗旨活動發展歷程，再觀察屏東以外其他縣市相同方案推展影片，歸納以下心得。

活動能永續且形成規模，多半從本地生活方式自然長出，而不是由外引進、上而下強加。

例如芬蘭廢棄咖啡袋縫製的各種提袋。芬蘭是世界消費咖啡最多的國家，加上重視環保，結果越來越多創意融合成為產品。奧地利臨近森林的村鎮，有許多木工製作的精美燭臺，因為這是生活中常見的需要。從這種角度看到許多臺灣人回收選舉旗幟在稻田當趕鳥工具、某些漁村的模型漁船工藝，就不難理解。

另外，歐洲因人工貴加上教育實實在在重視多元價值，以及瞭解手作對學習參與的幫助，許多安親班本身就是木工活動而不是重複學校課程。所以許多人從小自己蓋房子、修汽車，到年紀大能繼續相關藝能再發揮也不難理解。只是隨年紀大甚至失智、失能，由政府與民間營造友善便利的場地設施共享。

許多老人活動中心、日間照顧中心，甚至失智日間照顧中心到安養機構都有木器創造製作空間。但不僅有木器，還有電器等其他活動，這是延長生活習慣與樂趣的機會以及資源。

臺灣無論只是為了擴增老人生活樂趣與有意義活動的選擇，或刻意針對提高中高齡男性參與社會機會，不能忽略我們的國民從小如何長大？我們的生活環境已經有些什麼？我們的國民價值期待是什麼？從這三者找出路。想想看，那麼多公園群聚男性賭博。他們的背景不正是「男士工棚」期待的性別與年齡族群？下一步如何接軌使他們有別的生產創造的可能？為什麼他們已經能走出家門，卻一直熱衷賭博？

過去沒有的活動不表示未來不能有，有待本於某種利他價值加上看見社會需要，加值創造。

例如澎湖東衛社區因洋流造成海上漂流玻璃瓶增加，後來發展廢棄玻璃切割為蠟燭臺、杯子等各種生活飾品。之後又看到許多老舊建材丟棄到垃圾場，不乏早年中國大陸與本島運來而廢棄的門窗家具，從中篩選，輔以 3D 雷射重製，創造包含手機架、鑰匙

★ 木工學了基本技術若能創作更吸引人。

★ 木工貢獻誰的夢想影響參與意願與幸福感。

圈等許多實用品。

丹麥民眾高等學校同樣考慮鼓勵男性參與，看見老年男性烹飪能力需要與外食食安和經濟壓力，開辦烹飪班。從男性在家真實生活情境用得上的烹飪活動，同時加入最新的高齡烹飪工具、廚房衛生與食材營養新知。另外，鼓勵男性參加本來多半女性專長的針織創意活動，結果兩種活動都很有市場。這些發展如何產生？因為每年有學員動腦大會，創造平等、開放、優雅的氛圍鼓勵大家表示期待。

挪威活動中心的工廠設在地下室，有完善的防護防塵設備，不受其他活動干擾。一方面提供多樣生活實用成品的藍圖讓民眾挑選，相互學習製作。同時，鼓勵參與者看到社會需要而有溫暖有趣的動機創作新品，例如公園兒童需要的木馬。丹麥更有整個公園的創意玩具是長者製作的。這已經從不會木工要複製，進入真正的創新，豈不更能活化手腦？男性、女性都參與，各有希望做的成品。另外，因為這個城市有許多海上鑽油平臺退休的男性，同一地下室也有些這類背景的人投入協助維修寒帶國家需要的暖氣管路，同時維護木工廠的空壓吸附機。

比利時是世界歷史悠久的著名啤酒大國。安養機構看到失智長者成長背景以及如有五感刺激可帶來樂趣，發展一起研發新啤酒配方的活動。如果就社交、創意、樂趣而言，和木工活動本質有若干相似。後來也是男性居多，並將共同認定的勝選配方交由啤酒工廠製作成安養機構專屬的待客禮物。

如果只是爲了鼓勵中高齡男性參與社會，其實未必只有木工、烹飪，要本於共善廣納意見嘗試。

以色列從事國防工業的物理學家看到延緩失智的需要，創立健腦網咖。經不斷到社區散佈傳單，邀大學研究生協助，五年努力，男性加入遠比女性多。最後竟然納入國家健保體系，成為標準化失智確診後使用的社區資源。

芬蘭發展媒合系統，鼓勵中老年男性專門協助手腳無力、孤單或缺乏適合人力的地方，更換牆上與天花板上的燈泡。別小看這種服務，已經有很多人在自家只是為了這種事摔斷手腳一病不起，且耗費鉅額醫療經費，所以真是換燈泡功德一件。其他顯然許多男性參與的，還包括將高齡女性製作要送到全球各地的毛衣、毛襪打包。事實上芬蘭高齡生產服務不斷創新有個常態機制，就是在所有老人出現的動線與場所製作大樹供大家拿樹葉書寫掛上發想意見，再定期由人收集邀請適合的人參與發展。也就是許多機制歡迎大家提供意見共同發想下一步開發的活動。

挪威則在老人活動中心有專責人員媒合老人學習和教學的需要。以學習電腦來說，後來參與者不論教的還是學的，幾乎絕大多數是男性。可能與生活需求有關，也可能電腦在新時代有成為虛擬「男士工棚」的潛力。這些多樣的發展幾乎年年更新，甚至還有老人專門到小學聽小學生講話的服務。本質是政策核心倡議「沒有任何人是社會負擔，人人都被肯定有創造能力應鼓勵，鼓勵參與貢獻，並藉此降低孤獨」。

挪威另有「老男人角落」，定期讓老年男性聚集專門討論老年男性生活中關切的話題，包含親子、夫妻、健康、國防等。雖然不是只接相關產品創造，但的確吸引一部分男士有機會吐露心聲相互取暖，達到不孤單的社交效果。也可能在基本安全得到支持，進而共同發展新的利他創造性活動。

荷蘭與丹麥失智共照設立的日間照顧中心，不再只是提供殺時間的娛樂和學者專家認為需要但民眾無太大興趣的健腦活動，而是提供木工與各種手工。有了木工，的確來看參與的幾乎都是男性。以往這類場所提供舞蹈、音樂、勞作等難以滿足男性，現在這些需要用力和需要量測、操作機具的活動能製造許多實際可用的成品，把失智者從病人、安置、治療，轉成學習、創造和共同支持的新生活方式，給男性帶來機會。

日本在銀髮就業系統則有製作修理紗窗工棚。表面看和一塊木頭變出各種產品的無限創造不同，但實際上因各家紗窗材質與規格需求不同需要思考溝通，所以長者製作時並不是如機器而為，回應了「一生懸命」、「為他人著想」的生活文化。每到社區一家協助，更是時間不短的社交互動，且得到正向回饋，又為社區老人節約開支。這種製作紗窗和裝紗窗的工作的確開闢男性的成就、參與機會。

社會每隔一段時間，就會出現一些老人服務新名詞，少數是全新模式，多數是舊有加值。但能持久且對社會產生影響的，往往不是來自硬推交辦，快速成全主導資助者要的「亮點」。而是本於價值、平等對話，再由下而上，聚集民氣「長」出來。未必都要公部門支持，而是以人為本，的確為民眾帶來生活新意，解決實際問題。加上彼此信任、能合作的素養底蘊，而產生的基層動能，再由某些意見領袖組織經不斷嘗試成形，這也是世界成人教育原始發展的起因！

3.5 丹麥木匠利他創新

住在丹麥Kolding的Arne老先生八十七歲了，四歲就開始做木工。在丹麥，來自基督教的社會價值鼓勵人創造，追求興趣發揮潛力。他的父母不告訴他做木工沒有前途，而是看到小孩對木工產生興趣很可愛，就鼓勵他。就這樣，他從小手可以做的裝飾品一路磨練技巧，學習更高階的工具。

長大仍然維持木工興趣，但並不是重複或者是模仿固定樣式的器物。因著愛鄰舍的生活風格，隨著歲月成長，看見社會與人的需要，不斷創造各種幫助別人快樂方便的木器。

他住在傳統的鄉村農舍，門口有個大長板凳，他自己做的！老夫妻因年歲大，行動已經不很靈活，但是談起他的木工活動精神就來了。大長板凳只是個例子，住處有個大倉庫，裡面有上百種銼刀等工具，各種黏劑與車床。

帶我們跨過家門口鄉間小路，對面有個圓形如臺灣涼亭形狀的小房舍，是他多年來心血成品匯集之處，他曾在這裡邀請老老少少一起做木工。如果從本文前一篇我國有人

❶ 為妻子而自製的桌燈。 ❷ 設計交通警告提示立牌。 ❸ 工作間。

想推男士木工坊來看，他可是老前輩了。

Arne 用木頭設計了多種幾何立體造型的木塊，需要動腦才能解開或完整接合的積木，加上繩索又有更多變化。然後是類似幼兒園提供給孩童的各種創意動態玩具，小玩偶可以由高而低、由下而上爬梯升降，還有大小不一投擲的、伸縮的。從簡單到難度高的，適合不同興趣與程度的人。

原創性的玩具很多，發展到一個地步，他開始研發大型木造益智運動器材，擺在公園，最後整個公園有各式各樣的設施。可惜後來因為需要維護，又找不到人接手而逐漸朽壞。

★ 不同難度的玩具。

❶ 開發各種原創智力玩具。

❷ 可以射上百公尺遠的砲管。

❸ 回顧曾經打造整個公園的玩具。

接著，他用力學原理結合木器做成火藥可以發射到兩百公尺以上的砲台。木製的交通警察立牌、木製的風向儀，每種新成品都需要從無到有設想，再用非常精確的木工技巧接合。

他是快樂老人的代表。因為他動腦，幫助別人學習而不孤單有社交，常常為別人的幸福著想而維持積極的情緒。

隨著年齡增長，他看到更多人的需要，尤其年老者。多次在各地與老男人相處，觀察到許多人上洗手間，要拿枴杖又要解褲子，總是兩難。一般廁所沒有給人掛枴杖的設計。一進廁所，要不解褲子時顧不了枴杖而枴杖落地，再撿也麻煩，還不一定蹲得下去。要是一直手拿著枴杖，就只能單手解褲子再握泌尿器官，可能尿得到處都是挺尷尬的。

於是，他發明可以撐住上廁所的寬架型枴杖。雙手把枴杖扶在胸下到腹部正前方，支撐住自己平衡站穩，然後從枴杖上打開附屬的木頭水溝套。雙手可以掏出泌尿器官架在如溜滑梯的木頭水溝套上。這樣就能安心排尿，尿順利排入尿盆不外滴。尿完先收回泌尿器官，再收回木頭水溝套，有彈簧可以省力拉回。就可以把枴杖從正前方移往側面，再用左臂或右臂支撐，順利離開廁所。

這個枴杖上面還有量測尺、溫度計、計算機、警鈴、指北針等許多設施，而且可以部分拆卸組合，可調整高低，來因應不同外出場合需求。

很複雜？很特別？這是他仔細觀察、同理老男人生活品質和基本生活需要，以及維持人的自尊、自主而來的巧思。

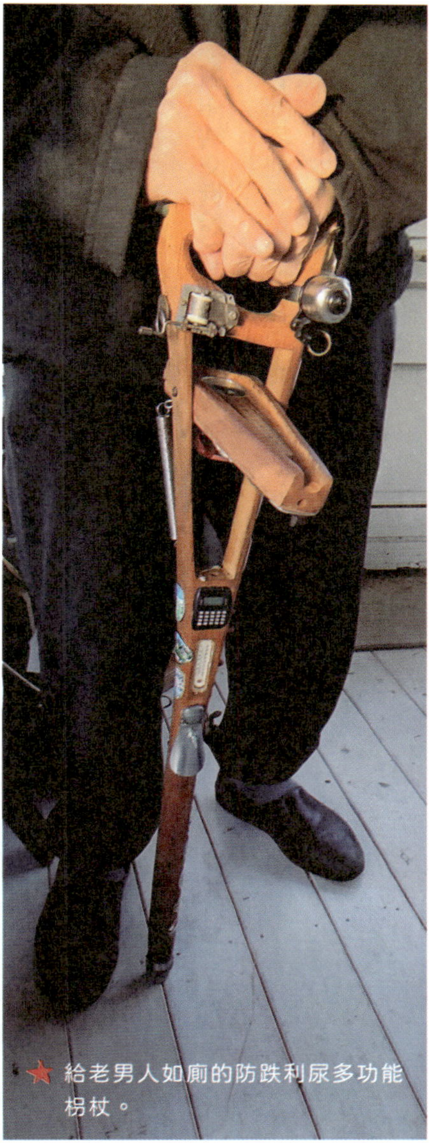
★ 給老男人如廁的防跌利尿多功能枴杖。

現在他手腳已經不若年輕靈活，但是歲月中無數的創作都帶著使更多人動腦快樂的軌跡。開啟電腦，臉書讓他的快樂創作結交世界各地朋友，還有許多散居各地以他為榮的子孫，也常常問候他。

一位生活在充滿利他又鼓勵追求自己興趣的社會的人，同樣是木工，他可以不受限制，不只模仿，也不只為榮耀自己，也不只是殺時間。從他過去所做的，以及老男人上廁所多功能枴杖來看，要是我們還要繼續發展男士工棚，其實光是顧念別人的需要，把眼光從自

★ 工作與利他創作增加生活動力幸福感。前方是 Arne 先生的作品收藏及教學館。

己轉向別人，就可能引導出很多很多空前的成品。這樣的工棚，是不是比形式化或都做一樣的成品更吸引人來參與？也可能為老化社會帶來不一樣的老人形象和生活風貌。

3.6 挪威老人自營據點營運

引言

為了推動預防延緩失能，政府開闢上萬據點，職責涵蓋關懷、運動、送餐與在地特殊需求。策略是政府補助，補助目的是維持營運穩定使人共享。但如何永續且對應客戶期待，則各地發展進度不一。一樣目的在挪威，也在不斷找尋服務內容與方式。有個據點摸索八十年，善用空間支持長者相互幫助，無需另外再透過政府管道招募人員。據點只是相聚和部分必須在此的活動，其餘活動以此為基地外展，讓更多不同期待的人滿足需要。

創意運動方案

挪威社區，有數十名老人如遠足般在社區繞境，沿路高高低低還有轉彎，經過許多家戶的庭院前，遠看如散步，實際跟著走才感覺不是閒逛步調，還蠻快的，約略喘氣到講話有點困難，要前往特定地點進行運動。

每個月或每隔一段時間就辦這類運動。預先登記後按人數分成幾個隊伍，按順序輪流前往中心預設的社區戶外活動空間，進行各種有氧運動。每做完一種就帶往另一集合地點，繼續下一種運動套路。前後總共五站，各站教練要對五支隊伍進行同樣的運動，不輕鬆。

★ 前往戶外各站的運動時，走路控制速度可以欣賞風景和談話，也訓練過馬路速度。

★ 樓上運動者許多八、九十歲重視平衡、敏捷與力量。

參加活動人員都是在中心集合，然後按每半小時的間隔出發。等候的人正好看心臟病與失智症最新的預防新知，及未來幾個月的活動說明，且可以當場詢問衛教人員和報名。

參加者從中心出發保持速度，形同輕慢跑，也是暖身。到目的地，隨教練和音樂節奏運動。不只是活動筋骨或民俗休閒運動，節奏頗快，而且動作用到身體各部位的平衡、出力與專注。

一群人做氛圍很好，但不是拚輸贏。純粹就筆者在國內參加過的類似運動而言，主觀的感受是不容易，因為跟不上動作變化而挫折。而且教練邊示範邊稍微提醒該用力的方式，以便達到原來設計的目的。

五站每站動到的身體功能和動的方式不同，避免重複無聊，讓參與者到不同的站抱著期待，又欣賞不同環境的鳥語花香和景觀。回到中心對面的大公園是最後一站，已經用了快兩小時，對隊伍中許多長輩來說負荷可觀。

這是「史基浦船長」老人活動中心，許多型態的預防延緩失能運動選項之一，有運動健身效果也有社交意義。參加的護理師伊莉娜說：「不只來運動，而且知道別人的名字，一起歡笑」。對許多因為退休減少社會連結的人來說很重要，降低孤獨感，孤獨已經驗證是導致許多身心疾病的原因。對老人來說，這和自己一人跑去健身房做運動的功能不太一樣。

❶ 巡迴各站有不同運動，包含互動性高的，而不只是各練各的。

❷ 蹲下對許多挪威人而言非常有挑戰性，所以要多練習。

❸ 善用社區環境。

推動者發展概況

「史基浦船長」老人活動中心（Skipper Worse Ledaal）成立超過八十年，[24]屬於全國衛生協會。[25]長年推動心臟病、心血管疾病預防與失智症研究的組織，不是政府佈點的產物，是研究老人疾病預防的組織而成立。希望提供老人身心社交多方面服務，支持老人追求健康生活。

中心經理藍蒂說：「五十年前人一老很快失能，現在的老人沒以前那麼快衰老。政策重視運動，以便更久在家。尤其退休後，使人不孤獨是設立目的。願景是，為所有老年人過著有意義的日常生活做出貢獻」。

基本上，這個中心服務的對象都是能夠自己來的，少數輕度中風，依循醫師的建言，承擔自己對健康的責任。參加活動者有不少是退休醫護人員，他們年輕時願意投入服務，老了也是社會資源，支持其他老人。

營運由董事會總督導，成員包含不動產專家、員工代表、財務專家、前大學社工老師（專長活動設計）、退休運動老師。董事會定期開會看老人的期望以及如何達到，鼓勵老人參與支持增能其他老人，提升人的價值。

中心用四位全職員工和一些彈性工時員工，經費來源一半向政府申請，另一半以營業和會員費支持。會員費一年換算臺幣一千元以下，有些活動需要材料或講師額外付費，每個系列課程約一學期總費用六百到兩千兩百元臺幣。運動項目除一對一和若干不定期特定活動小團體，其他都是免費的。

24 https://www.skipper-worse.no/
25 https://nasjonalforeningen.no/

★ 董事會有各路醫學社工與商業專家，一起討論每年營運方針。

近年這裡要召募老人當志工越來越難。藍蒂說：「因為挪威老人太活躍了，有的照顧兒孫，有的忙著出國」。實際上，運作是來活動的會員相互協助為多。

多樣化健身運動

伊莉娜是護理師也是物理治療師，同時擔任這中心的運動教練。她說明「史基浦船長」老人活動中心，如何發展各種運動。坐椅子的運動可以學使用力量，但難學平衡。老人來這裡，要不斷嘗試找出有效適合方式。不是只訓練手臂，而是整個身體。也考慮什麼時候該停，換別的。

有的人特別想要訓練專注協調。不只是跟從運動，還要試著找出適合自己的運動，認識自己的身體和感覺。想想，為什麼我要做這個運動？做了體況如何？我如何應用所學的運動於生活？要耐心試一段時間來瞭解需要什麼？而不只是一次體驗而已！

來這裡和以前一般健身房不同。同時有社交功能，可以問得到未來處方建議。另有私人團體，有風險的要先填表過濾，再針對需求，特別注意小心安全，執行特定運動。

對學員瞭解的越多越容易溝通，而不只是帶活動。

此外，和東方人相較，挪威人老的時候，不少人蹲下去很困難，這將影響不少在家老化的能力。這個中心的運動設計，有針對維持不受傷的蹲下和彎腰來設計運動。

除了上述定期外出運動型的活動，地下一層、地上兩層的中心，內部有三種常設運動選項。上了二樓右方是室內各種有氧運動，可能徒手，也可以用不同輔助工具，來參加的運動族群平均年齡八十二歲左右。帶運動的教練有的是外面請來的，全程動作很大，她自己很累，但始終保持笑容，成為長者運動空間非常愉悅的活布景。

★ 器材型健身房。

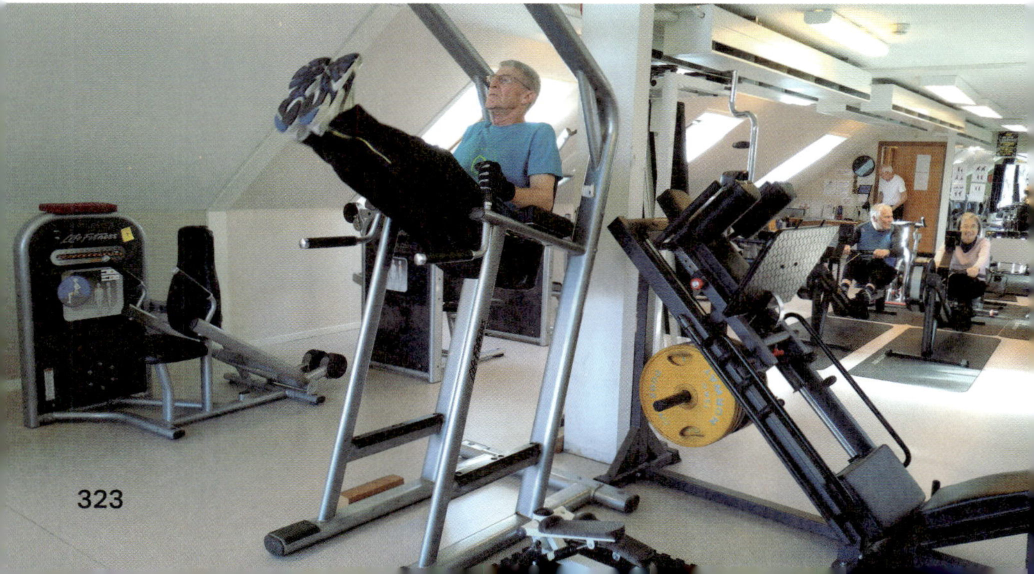

★ 白色衣服九十二歲與七十八歲教練一起健身，顯示超老長者體力就是國力。

也有的教練自己都七十五到八十歲了，偶而請假，去做神經與心臟檢查。似乎不太怕運動出事，因為認為這些運動才能減少風險。教練柔軟度仍然很好，有一部分需要彎腰或躺下。他們講話慢而清楚，配合老人的步調，每個動作頗耗能，有些人做的時候都不太穩還是很努力。因為四周沒有椅子又有其他人一起，可以隨時照料。而且好幾段動作躺著做，無所謂摔倒風險。所以有些九十歲的也來，而且自己上樓。

二樓另一邊有許多較為激烈的健身機器。有些人在舉重，或上半身倚靠器材，下半身懸空試圖撐起身體伸腿九十度。一小群、一小群老人操作，比較精確地練習不同部位的肌耐力。中心地下一樓還有個別運動指導室，這是實在有需要進行個別運動指導的人來一對一使用。

顧念不同需求的空間與活動

除了三個運動空間，中心一樓咖啡廳、餐廳、辦公室、會議室。餐廳提供茶點、簡餐，還有外送餐點服務。外送包含午、晚餐，但不見得每天去每家，有的以冷藏或

❶ 餐點區老人自營。
❷ 老人中心社交空間除供談心，也是許多外展活動集合地。

冷凍可以微波加熱的方式食用。挪威的食材保鮮經研究，可以瞬間冷凍且十四天不流失營養。晚近還重視連色澤都要和新鮮的一樣，以讓老人有食慾與記得這是熟悉的食物。

一樓餐廳平時讓長者聚會、談心，其他時間出租給喪禮紀念會、婚禮和其他活動。另有二手女裝店、足部照顧室。足部照顧室是北歐許多老人活動中心特色，看到長者需要，設這種服務。不是美甲或剪指甲，是足部指甲、皮膚等維護保養。如其他北歐國家，都有歷史超過六十年的足部護理學校培養專業人員。

❶ 退休醫療護理人員投入健促教導諮詢。

❷ 血管與心臟預防性衛教，趁戶外活動日到場加強傳播效果。

★ 二手衣服與書籍銷售區擺在一樓便於物流和買賣。

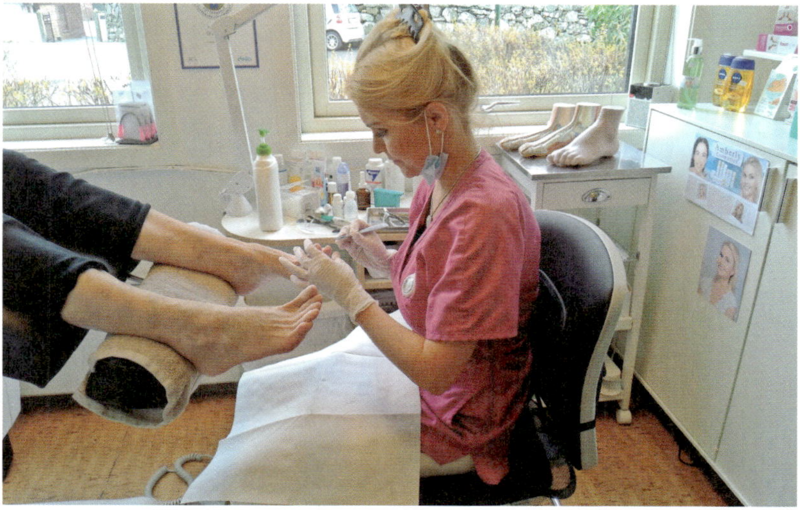

★ 足部照顧區（不是美甲而是醫療照顧）。

地下室左方長廊有一對一健身，還有音樂空間，有打擊樂和其他電子音樂器材。另有一專門提供聽障老人學習、開會、辦活動的空間，在這裡可以隨身攜帶食物和飲料，並結識許多面臨相同挑戰的其他人。人工耳蝸（cochlear implant, CI）使用者可以在此會面交流經驗，這是非正式的社交聚會場所，CI 使用者和考慮 CI 手術的人可以從其他 CI 使用者那裡獲取資訊，服務還涵蓋 CI 用戶的親屬與近親。這裡的位置沒有背景噪音，非常適合 CI 使用者。地下室右方長廊有歌唱音響間與木工工廠。音響間誰都可以使用，但設計到裝修都是退休男士貢獻。木工廠提供許多工具、車床、電鑽和藍圖，從藝術品到各種日常生活居家實用木盒、院子用的鳥屋，甚至公園裡給兒童用的玩具木馬都有，常來使用木工廠者男女都有。

綜觀中心空間設計與運用可見，針對需要提供服務、多樣空間滿足不同目的，隔音良好不相互干擾是特色。空間因不同時段與季節而有多樣用途，達到使用效益。

除了以上常設活動，中心另外還有多樣定期活動，包含退休準備說明課程，公司付錢讓員工來上的退休準備課。一年開六班每班三十人，從法律通俗化入手，然後個別化協助。先告知基本知識，事後再看個別要如何協助，也有的機關派代表來學，回去再教人。

★ 老人中心的木工創作區。

★ 新時代老人的搖滾樂練習室在地下室，隔音良好各取所需。

還有園藝、小團體運動、農場和酒廠與博物館等旅遊學習隊、男士樂團、合唱團、下棋、週五特別美食活動、讀書會、智力與生活問答活動、聽障者生活適應學習課程。

研究發展機制

這麼多活動，怎麼知道該辦什麼和為什麼？藍蒂說：「每半年會舉行一次討論會，而且鼓勵會員帶其他朋友來」。一方面社交，同時行銷這個中心，再

老人中心手工創作區。

手工作品。

者，可以好好討論到底大家想要什麼？

此外，這個中心和所屬的組織經常與許多學者專家進行配合研究。因為這樣對發展活動的效益更有證據，可以做為其他中心辦活動的參考，與延續長年研究的參考素材。

這其中包含居家送餐通路的客戶，同時是營養不均飲食改善研究的群體。不但只是研究發表論文用，而是轉為實際送餐調整依據，和非飲食類營養不良因素改善依據，例如喪偶憂鬱影響食慾。

還有些未來性研究，例如合作對象是諾貝爾獎得主Edvard Moser和May-Britt Moser，找出阿茲海默密碼以進行對症藥物來源，[26]他們先前致力於瞭解大腦中高階智力功能是如何產生的。

在國內，政府於二〇二四年八月公布政策提到還要普及、強化社區據點，支持活躍老化，防患未然。當需求增加、經費有限、品質不一，下一個更健全穩定的經營模式為何？以精確及時回應社會期待。「史基浦船長」老人活動中心也許有些線索。

26 https://nasjonalforeningen.no/om-oss/aktuelt/partnerskap-med-kavli-senteret/

3.7 挪威社福商店兼具健腦社交功能

引言

晚近北歐很重視老年幸福感。除了維持運動、控制飲食、生活節制，建議老人要常常幫助別人。因為這是最自然、低價、避免孤獨的方式，且在脫離退休前職場的位分後，建立新的角色與價值。其中，不斷發展的社會福利二手商店是例子。老人各種特性在這裡是很大的優勢特色，幫助自己、顧客、難民。在廢棄物和舊資源中，透過創意與理念價值創新，好處多多，和國內以往撿破爛的資源回收不同。

三十年來筆者往返北歐，若要問印象比較深刻的是什麼？倡議資源回收運用於幫助困苦有需要者之相關的社會企業可以算是。因為這不是特例，是普遍，芬蘭、丹麥、挪威、瑞典都有。三十年來沒有消失，而是發展更蓬勃，且對社會影響正向而多面。

以擁有五十二家商店和由大約十名員工經營的回收再製工廠，以上共有兩千兩百名志願員工的NMS Gjenbruk（挪威信義會差傳組織二手商店）為例。穩定成長，貧困人受惠、老人受惠、捐贈者受惠，還降低環境負荷，有助生態永續發展。

發展由來

十九世紀的挪威許多人信仰基督教，教義告訴人相信上帝的救恩，走進新的生命。這個過程是上帝的恩典，而不是靠自己積功德。自己生命改變，願意學習遵行《聖經》教導，自然對身邊人的貧困與遭遇的不公不義願意參與改變。這不只用言語表達意見，而是用行動回應人的需要來

★社福商店由老人兩兩當班經營。

展現，包含選擇做什麼和如何做？

同時，相信大家一起可以改變世界。當人們遇到神的愛時，個人、團體和社會都會改變。為積極實踐，且對愛鄰舍定義不限於有親屬關係的人，還有不會給自己帶來利益的陌生人，於一八四二年八月八日在斯塔萬格市成立一個組織，[27]分享信仰、消除貧窮和打擊不公義。追求以專業能力、永續性、合乎倫理的規範發展服務。相信所有人都有能力和資源，可以成為社會正向改變的驅動力。

從一開始派人到南非服務，迄今涵蓋十七個國家。在我國，例如基督教醫院與身心障照顧機構也是其中之一，支持這些服務需要資源。很多人以為這些服務來自國家富有，然而真相是挪威於近五十年發現石油前並不富有，許多人甚至移民美國、加拿大。

如同一位五十歲牧師所說：「當時有些人生活敬虔，拿出所得幫助這些服務。直到他務農的父母，成長於石油發現之前，也將所得捐十分之一給教會，反倒是近年人們越富有，要捐獻似乎越難」。

為了支持回應人們多樣需求，一九九八年該組織在Sola市開設了第一家二手店NMS Gjenbruk。到二〇二四年擁有分佈在挪威各地的五十二家商店，特點為環境、使命、聚會場所。也就是說，店面設計不只交易貨物，還有其他社交和幫助人適應社會的功能。

闢店流程

累積營運經驗，總部設定開店指引，指出希望成功經營一家二手店，要找多達五千名居民居住或可能很多人參觀該地方。所有城市都適合，區域中心也適合。物色相關條件後要提報董事會，至少有一名經理、祕書和財務主管，任務是與幾位志工取得聯繫。總部董事會對是否建立新的二手店做出最終決定。

一家商店需要相當多志願員工，同一個班次至少有兩人，有時工作日分為兩班人員，員工人數決定了商店每週營業多少天。商店場地需要至少兩百五十平方公尺和倉庫，二手店最好位於市中心並且靠近一個好的停車場，同意負擔多少租金根據位置和面積來評估。[28]

27 https://nms.no/

民眾捐物最簡單方法是聯絡最近的 NMS Gjenbruk 商店，可以提前致電預約，也可以在開放時間前往。如果民眾在附近找不到商店，可以透過網路聯繫，服務人員會找出民眾可以去哪裡。同一區收到同類貨品太多，也可能評估轉給其他店。

由於這種店不為私利，得到政府支持免稅，但不補貼租金。扣除租金、水、電等，收入 41% 捐出。貨物來源來自別人捐的或經營不善而停業的，裡面有可能是全新的。讓貨物再賣訂價合理，員工善用豐富社會經驗採共識決。

員工招募

NMS Gjenbruk 擁有約兩千兩百名志願員工，分佈在五十二家商店和回收再製工廠 Knausen Lysstøperi。

員工都是老年志工，有助降低營運成本。招募訴求為社會貢獻，得到人際互動。對還在上班，要接觸很多人的人可能不覺得如何，但明白一人在家久了可能發慌的老人來說很有感。最重要的是，帶給人盼望！「您有時間關心環境嗎？成為美好社區的一部分，結識愉快的同事，得到有意義的任務，享受為有需要的人帶來希望而做出貢獻的快樂」。

每家店自選委員，決定如何營運。看規模大小，執行長、經理可以相同或不同的人。分工管錢、外出收東西、整理物品。

總部執行長 Elin 透露，員工來源主要靠既有員工的關係連結和邀請比例最多。不只觀察對方，而且營造圓夢氛圍激勵應徵者。統管所有分店的執行長說：「希望顧客的感受是我們看到你們店的人怎樣對我們，我們想再來和你們講話。員工是好志工、好同事、好牧人」。

社區貢獻

店面有整理區，原則上不花時間維修。按著志工整理、設計素養擺放。為容易尋找

28 https://nms.no/nye-nettsider

和避免複雜化，將物品分為十類。店面必有沙發、點心、咖啡區，創造氛圍供人聊天。為願意幫助別人的老人能關懷人，提供安全環境發揮老的價值。

店面對幾種人有關懷效果：

首先是老年員工，得到安全機會減少孤獨。有的老人會帶東西來，也是來聊天。整理時欣賞不同物品得到美感刺激，整理和協助登錄。分析熱賣、賣多少，需要管理，等於在最真實社會以有意義的活動活化頭腦，順便學看電腦系統增加資訊素養。

其次是經濟困難民眾。有人剛結婚買不起新家具用品，因戰亂而來的烏克蘭民眾可找需要的生活用品。這裡也是難民學語言最安全環境之一，語言中心安排學員到這種店一年學挪威語。志工講話慢、有時間、友善，懂得待人接物應對進退，而且能辨識誰有心事或需要更多幫助，可以通知連結資源。

服務行銷

從網路訴求來此購買改變了世界，有助於學校和教育、其他地區公共衛生，帶來更好生活條件。錢用去哪些有意義的地方，透明公布。

把店包裝成來尋寶的地方！有些人不需要的東西對其他人來說變得有用和有趣。

通常接受貨品如下：

- **物品與用具**：可以是廚具和陶器、燈具、花瓶和小飾品、舊銀器和珠寶、鏡子、圖片和繪畫、實用藝術品、玩具、書籍、黑膠唱片、CD、電影等。
- **較大的物品**：有空間的二手店接受二手家具、自行車、嬰兒車和運動器材。

❶ 挪威手工國服若是新衣很貴。
❷ 這麼多上班族退休的公事包棄之可惜，可變為商品。

衣服和紡織品：越來越多的商店出售衣服，並接受完整、整潔、乾淨且完全乾燥的衣服和紡織品，例如床單、桌布和窗簾，但不接受羽絨被、枕頭或大毯子。

環保再製

由於挪威和其他歐洲國家，尤其寒帶、季節晝夜分明國家都有點蠟燭習慣和需要點火工具。所有 NMS Gjenbrukbutikks 接受用剩的蠟燭與點火工具運回再製工廠，有五十七名志願者，維持一年三十六週工作。

蠟燭頭經過回收分類並製成漂亮的新蠟燭和打火機，然後在所有的二手店再次出售。目前年產量為二十萬支蠟燭或二十噸蠟燭。蠟燭有多種顏色和形狀，燭臺、塊狀、圓錐狀、節慶蠟燭等二十種不同類型。打火機，用於烤箱照明，也適合在旅行時點燃火。在我國可以思考蠟燭或什麼物品？可能是在地量多適合再生。

除燭火再生外，所有 NMS Gjenbrukbutikks 也接受二手郵票。一些二手店自己以合適的包裝出售這些產品，其他二手店將它們送到位於斯塔萬格的 NMS 總部，在那裡它們被製作包裝並給銷售的商店。

人物行銷

為鼓勵其他老人投入，網站收集店員故事，分享如何配合店面工作和得到什麼好處，包含點出許多非物質的好處，例如和健康有關。例如官網的人物介紹，有人每週兩天去克里斯蒂安桑（最南部）二手店，位於克里斯蒂安桑的 NMS Gjenbruk 擁有大量男女志願員工，負責收集和運送貨物、負責倉庫訂單，並提供從商店管理到預備茶點等各種服務。

另一個故事是商店上午十一點開門，阿維德吃完早餐並讀完要讀的資料後，開車去商店，雖然還沒向顧客開放，總是有很多事情可以做。在此之前大約兩個小時，阿維德先生就先在商店做些喜歡的事情。

他還在靠近城市的戶外區域清理道路，並將與旅遊協會的每週旅行添加到日曆中。「擁有一些資源來過日子很重要，我很瞭解自己，知道久坐的生活對我來說並不好」。

對他來說，生活在一個充滿歡樂和社區的環境中非常重要，店面服務等於他退休十二年來創造新歡樂的來源。

他回憶說，「這是一個讓我振奮的環境，對我來說這也關係到健康」。父親和祖父的角色並不足以充實這位健康的七十九歲老人的生活。透過在倉庫裡翻箱倒櫃、取貨和送貨以及與同事開玩笑，幫助實現NMS的目標，帶來附加價值。

重製衣物與外展活動

多特女士有縫紉文憑，曾擔任初中和中學工藝美術教師，她為維格拉的家鄉教堂縫製了精緻傳統服裝和婚紗以及教堂紡織品。自願擔任Ålesund店經理，成立服裝部門。許多年輕人來這裡購買。一個年輕女孩就在這裡買了一件男士背心，她準備再為自己訂購縫製一件符合自己特色的。不久之後，也帶朋友來買，多特很高興。

多特還發起「重新設計週末」行銷活動。聚集縫紉愛好者，結合同一主題內其他元素，用講座、歌曲和音樂會形式，提供重新設計靈感技巧，這成了很獨特的社交活動。

除了店裡，多特趁著地方市集爭取攤位，擺衣服和紡織品。請志工當展示模特兒，透過這種方式，反駁了模特兒應該年輕且沒有皺紋的說法。

後來設立教學站，使民眾可學習如何縫拉鍊、製作口袋和縫包。希望每個人都可參與的活動，不需要成為NMS的成員或有什麼承諾，只要認同主題「舊衣服的新生命」。

NMS再利用的服裝和紡織品重製衣物佔銷售總額比率：二〇二四年一月至七月為23.2%，二〇二三年為20.0%。賣出的衣服更耐用，展現店面價值觀，減少浪費。老人很高興因修補再創造，縫紉再次成為時尚。

總結

參與相關服務開發的牧師引用《聖經》馬太福音說，「上帝給我們很多恩賜，我們也這樣看別人必然都有才能。人的價值不只錢，還有別的，可能正好是別人困難的解方，例如做飯與其他才能」。

即使那些吸毒的也有很多才幹，期待有意義的生活。若能找到意義，不再需要喝酒上癮。基於相似理念，資源回收二手店邀請老人參與和接待各種訪客的態度也是如此，以致業務能發展生存。

這種店並不如資本主義思維要追求更多更多績效和成就，而是透過商店營運，倡議生活更簡單，互相鼓勵做簡化生活的選擇。減少浪費並延長商品的使用壽命，讓商店成為志工和顧客愉快的聚會場所。

上述店面最早在挪威由教會界組織救世軍發起，NMS是第二個單位，後來又有其他單位，最後甚至有公營者。

這種發展回應人口老化人力運用，發揮老人價值。漂亮的店面、溫暖的店員，嘉惠

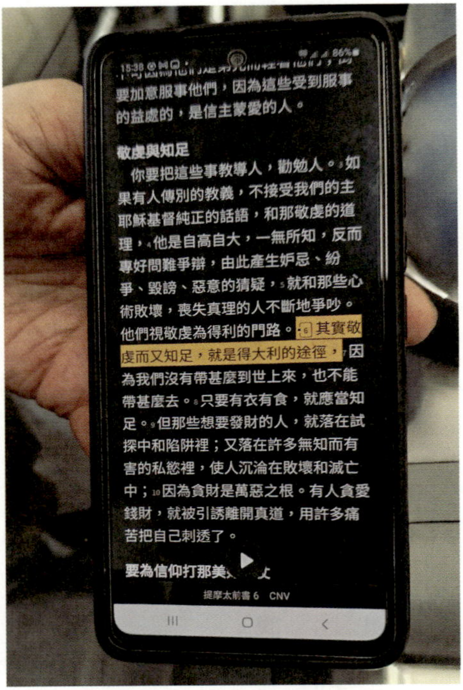

★ 商店經營者用翻譯軟體分享經營理念。

NMS 社福商店員工解說經營模式。

年輕人和貧困人得到生活品質。曾有國內民眾疑慮，認為二手貨物有已故者用過，恐怕很難發展挪威這種商業型社會福利活動。或許需要時間，或者還有什麼別的方式可以節約資源？讓越來越多還不到完全拋棄地步的用品，有個好去處創造社會共享價值。

3.8 挪威心智障礙者表達意願軟體

引言

許多照顧政策和第一線服務強調全人照顧。但何謂全人照顧？挪威醫療從業人員認為，必須對客戶有全面瞭解才可能落實。心智障礙者不能如對一般人一樣填問卷（例如憂鬱量表），怎能瞭解他們想什麼？多半詢問主要照顧者。新做法幫助客戶表達，掌握他們的遭遇與期待。同時，過去社區到醫院的照顧層級單位多，醫師要收集到完整資料可能等很久。這新做法有助遇見客戶前有更好預備，不只提升照顧品質，同時能節約聯繫成本和保護隱私。

在挪威史塔萬格市有心理師、醫師、學校老師、特殊教育專業人員、政府社福官員一起發展易懂、易答電腦軟體，幫助心智障礙者表達自己。這個四年計畫由挪威西部政府支持，由醫院、大學、地方政府、研究中心合作執行找研究證據來發展。

評估總人口兩成五可以受惠，因為不只心智障礙者使用，還有因疾病與老化各種原因無法很快溝通的人，可透過軟體表示生活感受。包含醫師在內的照顧服務人員向主要照顧者詢問客戶的需要和想法，由客戶直接回答的「自我報告」答案合併參考。

軟體根據國際健康功能與身心障礙分類系統（ICF）設計七個模組讓客戶看圖、聽說明，而不是讀說明文字來回答。這不是診斷工具，而是知道他的生活如何，避免我們不知道他在想什麼。有些孩子可能成年，設定六到七歲心智年齡能用。

一般來說，軟體內容複雜的比較簡單，要做得簡明最複雜。如果太複雜，使用者（例如自閉症者）可能會分心或隨之有情緒，則難達原始設計目的。所以一定要非常單純，容易聽又容易看、容易選。

設計者一定要先界定主題，然後據之連動一連串說明和問答，例如「能力與樂趣」模組，語音說明每天生活裡有喜樂很好，搭配圖示解釋什麼是能力、快樂。「你可以自己做快樂的事情」、「幫助別人」、「一天當中有些事情我們必須去做，有的可以選……」、「平常人能做、想做的，而且做得到就很高興」、「有時候我們做不到，可能需要人幫我們做」等。

接著問孩子（平板使用者）的意見，讓他們表達「你一天有沒有些喜歡（好玩）的事情」？客戶自己回答：「不會想到」。「你每天有做事使別人快樂」？「你一天自己的事情，穿衣服、刷牙自己做」？「你做複雜的事情有快樂」？「要訓練很多」？「你有時候會想放棄」？「你遇見困難會想要別人幫助你」？

參與計畫者小兒精神科醫師漢娜說：「觀念是一般人可能覺得心智障礙者無法表達或理解，其實值得思考的是，也許因我們旁人不瞭解他們的語言，而不是他們的問題」。她分享諺語：「上帝呈現在我們面前的，我們不能改變。我們能做的，是以智慧的眼光看出其中的奧祕與差異」。讓我們進入心智障礙者的世界，與他們溝通。

整個軟體每個模組的格式都是先有一段說明，說明搭配圖像，例如使用工具活動用腳踏車表示。可是使用工具生活的種類和工具可能千百種，如何能只用一種就有代表性？這確實不容易，所以研究人員設計雛型然後拿到小學，由小學三年級同學協助試用表示意見，包含詢問句、搭配示意圖，還有回答的表示方式。多次不斷調整修正，這是個非常耗時的過程。但是是必需的，以確保軟體效果。

聽完提問看完圖示，客戶要回答是或不是，要或不要等簡單語句。如果明天要去看醫師，今天在家先慢慢填。醫師明天更聚焦提什麼，或不必再花時間問些已經得到答案的問題。或者看了所有回答，有哪些需要進一步問或調查，這些未必都能從家屬得到原始資訊。

例如心智障礙者很容易被性騷擾，軟體有問「你喜歡你的身體」？「你自己可以決定誰接觸你的身體」？透過這種開放式會談，若表達「不是我決定的」！醫師（或其他專業照顧者）可以進一步請他解釋，例如「你自己可以決定誰接觸你的身體」？答案是「我媽媽梳我頭髮，我不喜歡」。這還好；如果是「我的繼父……」就要注意！通常第一步不直接問非常敏感的問題，逐步來進行。

問「能力與樂趣」研究者認為，喜歡做什麼正是優勢所在，也可能從中考慮未來生涯，比較容易看他的動機。還有「朋友」相關議題，以瞭解社交能力如何？心智健康如何？例如你有沒有人可以講話？你願意我們幫你找人和你談話？睡得好？睡得不好？有時候累就不想吃飯？有時候身體痛？有時候你可以和人講這些？有沒有在學校太累？有時候回家覺得很累就不想做什麼？需要人幫你？有時候該吃飯的時候不想吃？有哪些你不想吃？（因為自閉症者有的堅持只吃某些顏色的）有吃糖果？很久才睡著？白天很累？你願意這時人家幫你？你有時候會痛？想要人幫你……。

這個城市並不是所有心智障礙者都要這樣篩選，而是選擇最複雜需要幫助的人。看完家長對客戶的看法，以及收集到客戶自己表達的，然後問家長，家長在意的優先事項是什麼？需要別人幫什麼？照顧團隊回到辦公室去找看看有什麼可以提供。家長認為第二優先是想確認是不是過動？第三是教育方面的挑戰，例如在學校打人，這是疾病表現還是沒得到合適的環境？團隊會想辦法討論，找資源幫助，六週後再與家長碰面會商。

漢娜說：「實際上有的人在家不只得到居家照顧和居家護理就可以，可能還有其他非疾病與基本生活的需要」。針對心智障礙孩子，在最初期的時候設法改善，而不是等問題變成需要醫學中心解決就很貴。新的共同參與方式讓家長和客戶都參與，瞭解客戶的感受。不是如以往聽家長，快快給藥。到底病人想要什麼？鼓勵病人負起責任，解決自己能解決的部分，這樣維持健康比較持久。

這個鼓勵表達的軟體不限時間回答，仍然算準確。經過初步實驗，許多回答者很嚴肅認真的回答，不把它當電動玩具。這和實驗之前想像的不同！

近年在挪威，重視電子郵件不安全，有些複雜資訊要寫信很困難，雲端也不安全，新的軟體也是為避免個資風險。

漢娜不只服務挪威，還不時前往發展中國家例如尼泊爾，協助兒童精神疾病照顧。她認為每個社會的特性不同，然而科技某種程度提供多樣解方。上述軟體是個例子，挪威人口老化而共病的人越來越多，怎麼解決問題？

尼泊爾人口有五分之一是小孩，卻只有兩、三個小兒精神科醫師，必須想辦法。當地創設金字塔模型的照顧系統雛型，讓高中學生使用電腦表格程序參與基層照顧，過濾病人找解方。學習如何與最基層的患者溝通，問他們症狀解決一些問題，沒辦法解決再

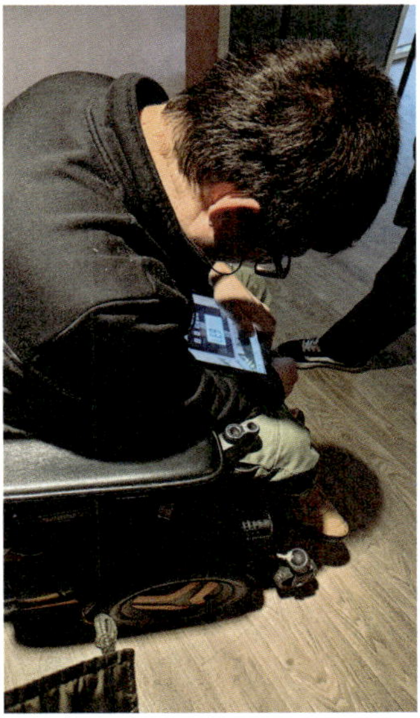

★腦性麻痺者可靠科技，友善擴大直立範圍。

★漢娜的兒子是患者長期陪伴者。

升高階層，最後到專家。

貧窮國家要用適合的系統。挪威有錢，但沒有人幫助基本生活需要又如何？

無論挪威還是尼泊爾，連結整合相關醫療單位尋找最大效益的全人照顧，一樣是發展目標。許多國家候診時為什麼那麼多人排隊？他們覺得需要看醫師，還是他們真的需要看醫師？

尼泊爾要按照別國發展的步調再一步一步來嗎？可能AI是工具。有些事情也許有別的路，不需要學挪威用一百年才發展出來。也許新方法創新，不需要這麼久，各國可以互相學習。挪威人少錢多，很多國家人多錢少，要用不一樣的方法。

★ 同樣是載運，心智障礙者坐前座感覺平等，參與生活。

目標一樣，要重新想怎麼辦？

尼泊爾還是需要更多專家，但專家可以協助分類和設計運作，讓更多人得幫助。不是一生病就要找最高層的專家，用更貴、更久的時間和資源。當然這需要創造可靠的新系統，而且各層級服務的照顧者知道自己的界線和什麼時候要後送轉介。不懂如何處理時不要誤認自己可以做的，要弄清界線。

不需要只靠看字，有聲音和圖，將來可以擴大用於老人、重病的、失智者、視障者。醫療照顧新處遇充滿挑戰，但也有更多機會讓困苦貧窮的人可以發聲。

這個地區公衛新政策創新實驗，一如挪威有些其他計畫，邀請碩士班同學寫學位論文，主題是檢視政策弱點與錯誤、合作效能，與社區溝通如何更好？有的計畫還搭配多位博士班學生做研究來驗證效果。

展望未來，注重全人，輔助軟體有幫助。聽病人需要什麼，不是醫師覺得自己更懂就說病人該如何，要看事情。大家希望要追求最好的照顧，但還是要問病人的期望。輔助軟體幫助不容易表達的人能表達，以致於服務提供者能理解、溝通，客戶能充分展現意見更保有自尊，也是照顧負荷日益沉重年代的福音。

3.9 漢娜的分享與提醒

照顧人包含失能、失智，要很小心溝通，不要輕易以為他們不能溝通。漢娜的爸爸九十三歲時要寫一篇悼念演講稿，忽然昏昏沉沉，漢娜送他去醫院。他剛醒過來，從醫師角度來看，九十三歲了，差不多了，大概就是這個樣子……。漢娜在爸爸旁邊陪他，問爸爸：「你記得今早你在寫給姐姐的紀念文」？他就更清醒，說：「喔，她過世了啊」！然後他逐漸復甦。

這個例子讓我們看到，醫療人員和服務提供者要小心。在診間可能許多病人排隊，不容易特別注意到善用個人生活背景來探測瞭解，看到人的不一樣。但是在病房，有機會就要把握。與家人一起注意善用把握病人和家人的背景和生活資料。我們可能用些表達方式和內容，能刺激當事人又活起來表達。我們盡力維護每個人的尊嚴，所以我們不斷設法創造一些工具，創意使人能表達、能被瞭解、能說明自己的期望。減少每一刻活著都是被別人決定的頻率，甚至因忽略而危及性命。

後來，畢醫師快過世，覺得自己有希望。「喔，去看上帝的面容這個經驗我以前沒有，很期待」。

女兒問：「你自己感覺如何」？畢醫師說：「很OK，我充分準備好了」。

過世前因醫院沒注意而從床上跌出。女兒說爸爸已經很平安喜樂，去找醫院爭論有什麼意思？

墓碑由畢醫師自選：《聖經》哥林多後書十二章九節「我的恩典夠你用」。（他在臺灣救過上萬小兒麻痺者舉起他們的尊嚴，在當時政府說「沒辦法、沒辦法」時引進沙賓疫苗。）

★一起來到畢嘉士夫婦墓地。

筆者去抱住墓碑拍照，不料有點搖晃，感到歉意，因為也許弄壞了。醫師女兒微笑說：「你們力氣沒那麼大的，我再找時間處理」。

★畢醫師墓碑。

3.10 芬蘭視障者樂在工作多樣化

引言

視障者只能按摩？有人認為這比較好賺錢。但疫情來時影響很大，而且不是所有視障者都喜歡幫人按摩為業。就算視障者都按摩，能按摩到幾歲？然後呢？先天視障者高齡時，如何繼續可以能生產老化？我國稅收比他國相對低，也不容易拿出可觀年金，提供視障者完全不工作到九十歲以上。時代進步，人口老化，還有什麼方式可以讓視障者有更多選擇？以下芬蘭例子也許仍未完全回答問題，但多少給我們一些想像空間。

合作發展

芬蘭首都赫爾辛基有個視覺障礙生活研發中心，不但研發各種視覺障礙生活所需，也研究如何降低成本使大家可以用得起。這是研發重點與挑戰之一，而且舉行相關研討會，許多標示有聲音和觸覺輔助。還沒來這裡可以透過網站先在家裡練習習慣，網站還有外部與內部的語音地圖。這是許多視覺障礙相關組織合作發展的機構，也意味著不同單位要能開放誠懇合作，才能有今天局面，提高經濟效益，而不是只抱怨社會沒給足夠支持資源。[29]

網站可查到這個僅五百萬人口的芬蘭相關視障的疾病與輔具、教育訓練、休閒娛樂組織、工作就業、視障工匠協會、特殊牙科、青光眼協會、心理健康組織、科學知識研究論文出版組織、失能者幸福感支持推廣組織、北歐聾啞協會和實習學習單位、少數族群服務單位、夫妻協談與家庭治療單位網址。不一定都是盲人受幫助，還有些盲人成為專家去幫助別人的組織。

徹底友善

筆者第一次知道這個中心，是因為搭錯地鐵走到平面看到一棟樓，還有貌似日本人的人團進團出就更好奇了。走過去看，才知道這裡有許多關於視覺障礙生活支持的研發。那時沒有約訪，拿了基本資料就走了。比較印象深刻的是，導盲設施是連續性的，用到一致性也用到多種觸覺分辨，不是象徵性、片段性的，而且不互相干擾困惑人。以往筆者看過其他地方，還有身心障中心導盲磚讓盲人摔倒的，還沒錢修。

29 https://www.iiris.fi/en

★ 導盲磚品質與專業設計對比一。

★ 導盲磚品質與專業設計對比二。

幾年後在國內因採訪接觸盲人組織，後來又擔任董事，更注意盲人生活品質和能力開發。多次在網站看到北歐盲人工作影片，甚至有許多全盲者在木工廠工作相當驚訝。不怕割傷、不怕砸傷，按進度完成切割，然後到戶外彈吉他、抽菸的都有，好自在。

又有一次到芬蘭中學，看到學校接待了三位南蘇丹來的難民，在這個重視教育普及的國家，三人不懂芬蘭語，而且還全盲。怎麼辦？就在筆者面前，看著芬蘭老師去找芬蘭比較瞭解南蘇丹的人，組成教學支持小組，用各種觸覺、聽覺方法與耐心協助他們學芬蘭語。

設想看看，有三位南蘇丹盲人難民來我國要在國中學習，我們會如何因應？或許我們也可以收集一些好的例子讓大家交流。在芬蘭，後來這三人可以發展參與社會和表達意見，因為他們逐步學習語言和生活文化。倘若學校與老師說沒有往例、沒有經驗、影響其他同學升學進度，就不會有後續的學習在這學校發生了。

這故事後又來到芬蘭，看到老人活動中心的大批藤椅都印著「芬蘭盲人手工製造」，也很好奇。後來又去了芬蘭盲人專屬渡假村，裡面可以烤肉、唱歌什麼都有。當然還有大自然的豐富，例如樹、鳥、可以游泳的湖。因為這使盲人不用受人干擾，也不必和其他人在同一休閒區煩惱搶資源，晚近還有一群盲人一起去真正的高爾夫球場打高爾夫（不是迷你高爾夫）。

又隔幾年，還是好奇網路影片的木工廠，雖然還沒去瑞典看，心裡想也許北歐其他國家也有類似的吧！於是向芬蘭朋友打聽，幸運的得到懂中文的芬蘭朋友 Mikko Hallamaa 協助，連絡到類似有木工的公司，但不知道詳情。

全人照顧

結果熱心的芬蘭朋友帶筆者去，居然又回到以前迷路而去的那個中心。這裡有盲人音樂教室（音樂會）[30]、盲人三溫暖與儲物櫃、盲人游泳池、盲人物理治療與預防延緩失能運動設施空間，還有很多盲人生活支持與開發的相關設施與輔具、視覺障礙與其他障礙者都友善旅館。同時有個店鋪，裡面六成產品來自盲人。

30 https://ihmo.fi/ihmo/

就在這時意外的遇見兩人一狗來店鋪，原來他們送剛完成的成品刷子、掃把，有各式各樣用途的，還有清洗地毯與打灰用的藤製大拍子。品質好，盲人的手有很多很巧，是能力強項部分。還有蜂蠟做的蠟燭，蠟燭是當地生活必需品，另有芬蘭國浴需要的各種用品。這些產品完全使用環保材料，與大量生產不同。而且掃把、刷子在芬蘭文化已經很久，盲人製作的歷史與瑞典一樣有一百五十年已上。

偶遇來店鋪兩人一狗是一位盲人尼可、一位政府提供的助理及一隻九歲導盲犬。值得注意的是，助理是跨國就業從瑞典來，因為這位視障朋友較熟悉瑞典語。幾乎所有行

★ 視覺障礙者專屬三溫暖的入口。

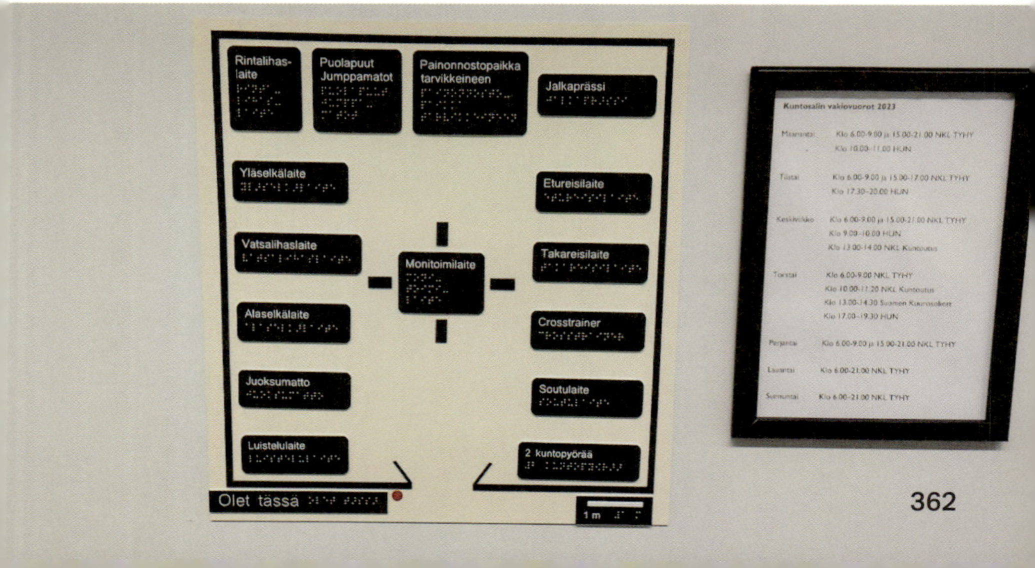

動都是盲人自己來，那助理只是站在一旁。有些本來需要明眼人協助的事情，因為熟練而盲人可以自己做的，也要減少幫忙，以維持擴大自尊和自己控制環境的感覺。外人看

❶ 視覺障礙者專用三溫暖。
❷ 因為重視平等權益而設計的。
❸ 視障友善廁所。

可能懷疑助理在打混，但助理不用怕別人怎麼看，他受過訓練，知道自己的角色。盲人不是肢體失能，所以不需要居服員那樣的協助。如果視障者要休假，另有補助和陪伴休假的專業助理陪同。31

助理補充說：「很多挑戰不是因為尼可等人是盲人，而是有沒有適合的資源支援和放在什麼地方」。電腦就是

★ 視障者與助理討論產品設計開發。

★ 視障製作蜂蠟蠟燭。

明顯的例子，尼可不斷插嘴表達，並非告訴筆者他多困難，而是告訴筆者他多麼得到幫助，可以以多快、多方便的方式做多少事情。助理則說：「因為尼可來去自如，有時甚至忘記尼可是盲人，還要自己提醒自己一下」。

發展無限

筆者說明來意，雖是隨機碰到，尼可與助理很樂意帶我們去地下室他的工作室，大家同意後一起移動。視障朋友完全看不見，走得很快，而且一樓到地下三樓旋轉樓梯，幾乎半跑而且盲人手杖是提著走而無須落地探觸，多數時候他走得很快。有時導盲犬對筆者好奇而回頭看筆者，已經走到前面的他則拉著導盲犬走，而不是導盲犬帶他，筆者在後面追。也許真的他熟悉，但也很重要的，空間設計過，而且沒有其他人無所謂的在

31 https://www.solaris-lomat.fi/

走道擺放東西，不然就可能很不可測，以後他也不敢自己走。所以，走得快代表信心與很多意義。

來到地下三樓，整排各式各樣的工作室，共同特點是非常安靜不受干擾，當然也就不被一樓以上干擾。筆者隨即想到萬一火災，萬一萬一……。助理說：「那要看原始規劃設計多用心實在和考慮周延」。

工作室，好幾位盲人各做各的活動，終於看到做藤椅的人，也有在修藤椅的。這位引領我們來的視障朋友有個工作機台，可以摸索切換來切藤草做刷子。有各種電動工具，像虎頭鍘造型的大裁刀、穿線打孔機、磅秤、各種規模的鑽頭與螺絲起子、電腦，擺在安全便利的動線，還有適合工作的工作鞋。導盲犬有個安全、安適的窩在他座位的後面，隨時等候下一個要出勤的工作。

大家很專注，因為看不到其他干擾東西，沒燈也可以工作，效率很高。他家裡也有相似的工廠設備，若天氣太壞也可以在家工作。但是盡量減少工作器材在家，免得太愛工作。

的確從旁看，誰都可能割傷、壓傷。要是一天到晚做這個工作，固定重覆又費力拉

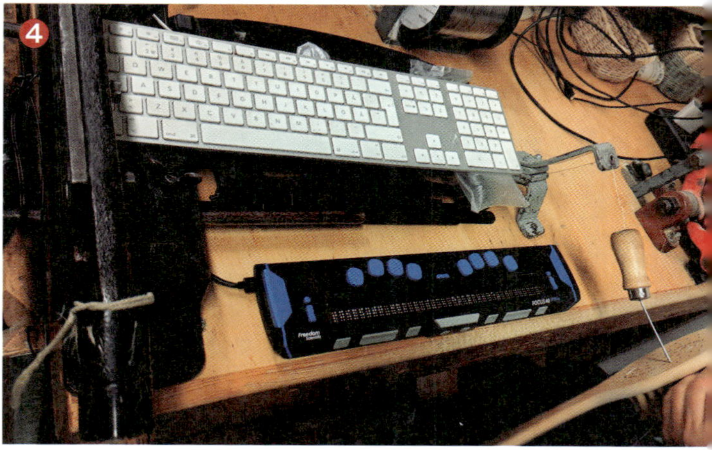

❶ 容易用觸覺與方位辨識的藤椅維修工廠。

❷ 生產輔具製作各種刷子。

❸ 善用觸覺器材支持生產。

❹ 用來聽打法院與警方筆錄賺錢的鍵盤。

扯才能做刷子，還要用手過濾方向和確認拿的原料不多不少又無缺損，這又牽涉各種原物料如何擺設易取。

他能發揮他的行動能力，而且幾乎所有流程獨自操作！但一旁有少數其他盲人與計時的助理，一旦有意外或需要，不太吵的環境容易溝通。

多元發展

這樣的工作，身體能撐多久？能做到多老？就算體力還可以，如何很喜歡一直做？心境不煩？還是天天告訴自己：「只能這樣，不然要怎樣的無奈以對」？

事實不是如此！其實，一天工作時間內他有一部分時間做刷子。另外，他聽打各警察局、法院錄音的筆錄、證詞。因為警察很忙，老是要聽筆錄挺費時。這位視障朋友聽覺可以，教育程度可以，為法官和犯人溝通並保護人權有意義，所以與做刷子交換著工作，緩解心情和身體負荷，打字完自己送出。有時警察局、法院業務多，他可以自己調整工作項目與步調，實際上一天平均做刷子四小時。

視障朋友聽到筆者對職務再設計以及他的工作有興趣，特別指出機台一旁的大簍子，裡面有好多類似網球的毛球。原來，他自己有導盲犬，在與導盲犬相處的經驗意識到，導盲犬也需要「娛樂再設計」與客製化。所以，他致力研發讓導盲犬更有幸福感的玩具，他要根據導盲犬的感受來設計不同材質(例如羊毛的，不同天氣與用途的)、硬度、造型、氣味與其他參數的球，

★ 視覺障礙者研發不同材質導盲犬玩具。

★ 視覺障礙者研發幫助理與導盲犬建立關係的特殊點心。

讓狗試試看，適合狗叼著嗎？

另外，他還在研發導盲犬食物的造型、氣味、來源與製程，如何製造狗更愛的食物？例如某些動物內臟合成的狗點心，使狗對人更有好感而促進狗容易與人有好的關係、做朋友。這種產品不只盲人消費者會買，還有狗廁所的木質環保化糞材料與如廁設備設計。因尼可喜愛狗，如同芬蘭諺語說的「愛是創造之源」。助理說：「有熱情就能發展」！

何謂照顧

筆者說曾見到盲人去健身房，尼可說他也如此，通常一次一小時，導盲犬就在健身房外等候。這表示什麼？其一，他用到他的創造力。這是上帝創造人，來自上帝的特性之一。他不必重複做某件事餬口生活。社會制度、環境和教育，包含正規教育以後的社會教育、繼續教育給了他良好的自我形象和利他價值。他的發展有更寬廣的空間，他的想像不受到限制。同時有職務再設計、環境再設計、輔具再設計來配合。他可以按著自己的步調工作，沒人嫌他、催他或言語奚落他。

其二，他可以有自己的理想、願景設法去追求達成。這是自我實現！如同丹麥、芬蘭、挪威或其他國家，「照顧」（或「照護」，我國為了這兩字而社工、護理兩領域前輩花很多時間努力斟酌）教育教材，對於「照顧」的定義是「支持人自我照顧」，或「照顧」就是「認同人即使失能仍然有追求自我實現的期待，以創意和對方眼光看自己期待與需要，來支持客戶自我實現」！所以他可以選擇工作，選擇何時換另一樣工作，可以享有繳稅的義務與尊嚴。

其三，從這個社會與人怎樣對待他而得到的生活經驗，他理解什麼叫顧念，以及他有可能為別人盡份心力。他可以用多樣方式感受到自己的生活意義，可以與別人一起研究自己的興趣、想做的工作，研發如何適應新工作的挑戰，增加心理健康，而不是選別人揀好的有限的工作選擇。

助理生於瑞典，在芬蘭生活十八年。他說從自己來當助理後，每每看到許多盲人從四面八方自己走來這研發中心，他也感覺到，原來有這麼多盲人生活在各角落。他的親戚自己從瑞典去英國的酒吧，只是想確認自己可以。

助理制度

政府的制度讓他可以聘用助理，提供一個月一百六十小時服務。可能有兩位助理輪流或更多位，取決助理長處，例如電腦、開車……。這樣，他有人可以商量協助。如何相互配合，分清楚什麼是過度倚賴，什麼是必要協助而必須協助很重要。

在地下室與這位朋友相遇後，回到一樓店面再看各種產品，感覺不一樣。知道這些精緻實用的產品如何產生，且能營運下去，不是靠人憐憫而是品質與實用，代表了很多層面的社會意義。同時，法院工作能交給他，也表示視障朋友若如在那中

★ 視覺障礙產品專賣店。

學所見，老師們的永不放棄造成多數盲人從小有機會受教育，因而能聽、能寫、能探索世界、能幫助別人，能做很多事。尼可正在計畫年底聖誕節要去社區演奏吉他，因為他有興趣！

筆者聽六十多歲的幾位國內視障朋友說，他們以前讀書的時候，與聾啞一起。學習有些障礙。體育課丟球不知道往哪裡？有人想湊合盲人與聾人或啞人結婚，也讓他們猶疑害怕。很多那時的視障朋友後來投入按摩工作，未必真的非常喜歡這工作。現在逐漸年長，一般溝通還好，但挑戰到更高階知識的工作的確有難度。現在有時去吃西餐，有時去職棒現場聽球，生活比小時候多樣。但若一路走來得到的學習環境更

★ 視覺障礙產品。

好，則發展與生活更不只於此。

其實我國與芬蘭都有許多人經驗二次大戰。戰後盲人有先天盲、戰爭受傷而盲，還有老化而部分盲或後來幾乎全盲。所以視覺障礙者可能比一般想像要多，只是國內媒體較少報導。臺灣最早計畫性發展盲人重建的，可能也是最早的職能治療師之一，來自挪威，服務對象就是榮民之家因戰爭受傷的許多視障榮民。

展望未來

筆者想到多年前在芬蘭大學健身房，親眼看到全盲者自己進來操作重訓機印象深刻。晚近國內重視預防延緩失能，有次筆者受邀與一群官員學者參觀模範老人運動中心，那裡有先進昂貴的設備，許多長輩在健身。於是基於鼓勵平等而請問導覽主管，他被問有點錯愕，因為大家是來參訪政績不是來評鑑。他想了想說：「空間不夠無法容納視障老人來」。是也？非也？或許考慮防疫？建設的錢花不少，若起步建設必然不忘各種使用者，或許情況不同，新一代高齡友善不只殘障坡道這些了！

另外，當盲人老了，需要去安養機構，也有不少安養機構以沒有服務過盲人為理由拒絕盲人入住。有的容許去住卻嚴格限制行動，協助打菜還要另外收錢一個月六千元。筆者親眼看過老年獨居盲人在家，送餐來時他的四周有許多螞蟻、蟑螂與酗酒孫子外出而留下的碎酒瓶，但看不到，就這樣一餐餐用手抓飯吃。

願一代代對弱勢的看法不只看到弱勢，也能看到可能。不要認為為他們設想開發與支持是沒有市場獲利潛力的。固然在商言商，但從整體生活幸福和挑戰造成腦力交互思考帶來更豐富寬廣的創意而言，幫助各種弱勢者開發未來的價值觀與歷程，腦力激盪舉一反三、轉化遷移，帶來許多同理創意，使整個社會氛圍更好。人人活在一定有人出手幫助我的感覺中。

芬蘭與丹麥常被評比為幸福國家。當地人未必認同，但也有人說，或許如魚，處在基督教重視平等顧念被忽略者的觀念好像是水。魚在水中不知不覺，但就是有水，魚才活得好。當地人也說，幸福與快樂不太一樣。那些國家快樂否難說，但幸福應不過分，原因在生活安定有支持。那個視障研發支持中心從一樓到頂樓，有這麼多多功能的房間，或許正反映這種幸福感。

3.11 芬蘭遠距居家照顧

引言

照顧者不足而需求多，已成為許多國家頭痛問題。在家老化是個政策趨勢，因為遠比去住如醫院病房的機構要便宜、快樂、幸福，除非有些人實在不適合繼續住在家裡。因此，發展服務輸送到位，又能控制成本，而且還有人味，得想更好的辦法。這時，遠距居家服務成為選項，甚至什麼是好的居家照顧的定義要改觀了。

「嗨，馬第先生，我是Suvi，你好嗎？吃飯了？想吃什麼？吃藥了？怎麼沒吃？我可以看您吃嗎？您今天打算做什麼？您在椅子旁邊，我們一起做十次運動……」「嗨，我覺得寂寞不知道做什麼……」

芬蘭實施多年，用在什麼對象、什麼情況，能達到什麼效益，有些與憑空想想不同。但無疑的，未來將越來越普及完備，發展一個適合在地需要的系統，每個國家或地區要找到自己的方向。

楔子

一九九六年颱風前後，筆者在苗栗泰安衛生所看到舊舊的遠距醫療視訊電話。詳細瞭解，知道是政府與業者的美意。但是畫質細緻、聲音清楚、系統穩定，與使用的兩端都能同意使用而熟悉使用，都影響公共投資到底能解決多少民眾的困擾。

之後國內、國外投資於遠距照顧不知多少，後來發現硬體能否符合服務期待很重要，如何從服務使用者的處境思考也很重要。處境包含硬體、疾病，還有想法。近年因疫情、天災、物價上漲、科技快速進步諸多因素，遠距居家照顧不斷被寄望為未來提升照顧品質的策略選項。可是需要做什麼以及到什麼地步？如何與面訪照顧搭配，還在摸索，思維和硬體與以往非常不同。

二〇二三年來到芬蘭，在赫爾辛基居服地區總部遇見北區經理Suvi。從討論得知赫爾辛基市遠距照顧發展頗為成熟，朝向有兩成居家民眾使用為目標。已有許多來自真實證據的發展經驗，頗值得正在努力的地方參考。

這裡先說明本文指的遠距居家照顧不等同遠距醫療，而是居家服務與居家護理。主要指經評核屬於需要提供居家服務的客戶，透過非面對面而是通訊方式得到生活支持。一方面似乎不如醫療重要緊急，但其實這是降低醫療資源負荷的預防系統。人在衰弱失能階段，所有影響身心健康幸福的需要，並非都是靠藥物手術等醫療手段可以解決。

發展背景

芬蘭人口五百萬。與日本、我國同為老化速度很快的國家，高齡少子預估二〇二〇到二〇三〇年需要二十萬名新長照服務提供者（照服員與護理師）。但到二〇三〇年社會因少子化，整個社會的工作者人數減少五萬名。平等是立國價值，努力避免高齡社會有人陷入貧困，和因而失去健康平等機會。為落實健康覆蓋原則，二〇二二年前後全國調整為二十個福利服務區，擴大服務彈性、多樣、可及，為經常需要服務的人設想。並制定四十項節省目標，考慮如何讓有限服務人員服務大量患者。

在此背景下，遠距居家照顧不斷發展，希望資源連結、儲存系統、視訊系統能可靠、可用（交換資料效能），持續跨域合作，也注意資料保護。

同時鼓勵大家想想，高頻率的來家裡服務有助支持獨立自主？遠距帶來哪些更獨立自主感受的幫助？良好的資訊系統能帶來哪些關於降低不必要的重複檢查與詢問的好處？如何幫助減少服務雙方把資源花在來往交通？最終由服務提供者與使用者共同參與，創造期待的服務和預防活動。

服務理念

想法影響做法，而且得有簡易清楚不致解讀扭曲的說明給大眾。赫爾辛基市居家照顧依據《健康照顧法》，目的是創造共同追求的健康幸福先決條件，還要預防、降低健康惡化機會，提供醫療復健，降低藥物濫用（含酗酒、吸毒）。

芬蘭首都地區因為服務挑戰不斷增加，但服務資源也不斷翻新。每每想到調整系統、制度和硬體，要如何有個章法而不會混亂或見樹不見林顧此失彼？

專家與官員擬定必考慮四個角度的模式（含導入科技或整合服務時），問以下四類問題，新決定有……嗎？

1 員工體驗類

(1) 有增加員工幸福感與工作表現？

(2) 員工有實在的內在動機去執行？

(3) 能（促進）共同承擔工作又能自我管理？

2 產能類

(1) 投入與產出關係如何？

(2) 可以降低現有服務成本？

(3) 有助排除資源浪費？

3 客戶體驗與易得類

(1) 客戶在過程中更感覺被聽見和被看見？

(2) 客戶經驗到得幫助而且解決問題？

(3) 及時得到服務而不會遲延服務？

4 效能類

(1) 服務有品質而且達到多樣健康、安適目標？

(2) 客戶得到幫助且得到他期待的改變？

從這些提供開會討論和思考的指標可見，一再考慮如何以人為導向，是看見需要而回應需要，並一起顧念服務提供者。不太是先有一筆錢或一塊土地然後想要怎麼處理，也不是先問賺多少的商機。

然後是生產效能成本，所謂成本包含要花多少錢，還有比先前既有的服務省多少錢（資源）。如果都對了，延後服務或沒回應期待也考慮到。

該國不只一位決策者曾對筆者強調，老人服務工作一出手就先想到撈多少，不是他們的想法，這種想法的後果很需要想想。但做個好管家（倫理）是專業（知識）又必要的（策略），背後要有一套價值共識，例如平等、包容、品質與永續。

創新服務帶來更多人「幸福」表示安全與安適，這未必等同奢華，因為肯定價值主要不是以「我有別人沒有」為基礎，而是行動起來，使您的鄰居未來在這個世界也能生活（芬蘭被評為「幸福」國度，和「快樂」不完全一樣）！

發展過程

首都有七個老人服務區，各有居家服務、復健服務和老人活動中心，以及支持型照顧住宅。[32、33]

Suvi女士是七區之一的北區居服部門經理，之下有八個子區有居家督導，之下各有二十八位居服員(該國成年人的居服員養成需兩年，我國九十小時)。她分享了遠距居家服務的執行情形。

遠距居家照顧在芬蘭，起因包括八十五歲以上老人快速增加，而在家居住者多，獨居者增加。職業居家服務者人數成長有限，冬季行動對服務者和客戶都是風險，科技品

★ Suvi解釋居服涵蓋區如何將遠距居服提升的所有居服的兩成，替代實體居服。

質使有些溝通更即時快速穩定，開發老人與工作受限者等其他人的就業機會。

除上述原因，還有個很實際的背景因素。有些老人在家平時由子女照顧或者主要與子女溝通來線上照顧。有時主要照顧家屬不耐煩或不想負責任還有其他爭執，可能使老人在家有安全威脅，包含肢體與言語霸凌。以往結局是建議老人離開家住機構，現在一部分可能以遠距居家照顧降低親屬衝突，也不用這麼快離開家。

二〇一二年前後發展遠距居家照顧，二〇二四年首都附近有一千人使用，一月約兩萬次。遠距服務主管 Anne Maria 表示，「十年累積超過兩百五十萬次，甚至還意外的杜絕一次搶劫」。[34]

---

32 https://www.hel.fi/fi/sosiaali-ja-terveyspalvelut/senioripalvelut/palvelukeskukset/syystien-palvelukeskus

33 https://www.hel.fi/fi/sosiaali-ja-terveyspalvelut/senioripalvelut/palvelukeskukset/kustaankartanon-palvelukeskus

34 https://www.hel.fi/en/news/25-million-remote-home-care-visits-carried-out-in-helsinki

從Suvi的經驗[35]與完整有系統的碩士論文以芬蘭東部研究，[36]還有近年越來越普及的私人醫療網數位醫療部，[37]都看到很有發展潛力，與帶來什麼非空想的好處。

體系建置

政府系統居家照顧有專門配合的硬體公司，這是政府投資的衛政子公司，獨立財務與人事。有個專門的數位服務中心與一群專責護理師做遠距服務，而不是Suvi單位的居家護理師來輪現場與遠距工作。遠距服務者與實體服務者的教育背景和要求完全一樣，有的很有實體經驗，可能有些有職業災害轉任。

Suvi服務的單位向其購買服務。居服新流程是醫師評估後先看能否遠距解決，因為這樣比較便宜又可多次數。這公司不只支援遠距照顧，還承攬兒童照顧等很多首都地區社會服務，甚至許多教育訓練和輔具開發，經濟規模可觀而能穩定發展。遠距照顧內容大致如下：

- 各種測量結果的解讀（血壓和血糖值）。
- 失智者生活需要考慮的因素。

- 飲食諮詢。
- 安全行動建議。
- 尋求合適的專家。
- 繪製必要的輔助工具。
- 一般健康問題（天熱還可包括提醒藥物儲存安全）。
- 緊急通報求助系統使用。

不只居家，客戶到外旅行也管，擴大服務範圍，包含 GPS 追蹤等各種居家服務，客戶非居家期間於各種場域、時間的服務。

35 https://palvelukeskus.hel.fi/fi/hoivapalvelut-kotiin/etahoito

36 https://www.theseus.fi/bitstream/handle/10024/795281/Nissinen_Puomilahti.pdf?sequence=2&isAllowed=y

37 https://www.mehilainen.fi/avoimet-tyopaikat/digiklinikka

至於服務對象，要評估溝通能力與意願，以往的印象有些不正確，例如記憶疾病其實未必造成使用遠距照護的障礙。失智症患者在引導下可以做很多事情，例如服藥、加熱食物等。[38]

隨科技發達和營運模式翻新，民間居家護理公司也在積極發展遠距居家服務。[39]、[40]、[41]、[42] 可以增加互動時間，健康與需求評估不只傳統半年一次，而是可以持續動態進行，並因系統將親屬甚至鄰居納入（未來越來越重要的非正式照顧者，已納入護理課本學習主題）。遠距居家照顧要順利，得有客戶資訊系統、服務單位資源規劃系統、視訊連接系統整合，以安排服務與儲存資料。例如 Pegasos 系統含健康報告、正式照顧、非正式照顧、醫療檢驗資料、預約；Hikkas 系統含居家護理、送貨、喘息寄宿服務。Videovisit 醫療統計公司有視訊連接的平板開發配置，統計遠距居家服務效率比傳統居家服務好百分之八十五。此外，服務提供者素養很關鍵：

1 **服務之前的需求評估**。不只客戶什麼病，更重要的是客戶主要生活期望為何？因為這連動支持的復健活動選擇和遠距能操作什麼。芬蘭採用 RAI 評估系統，並根據 RAI 評估進行研究，開發以客戶為導向的高品質服務。[43] 終端有十六位專家提供照管專員諮詢。[44]包含：

- 健康狀況。
- 功能能力。
- 藥物。
- 營養。
- 記憶與心情。
- 復健和特殊治療。
- 服務使用。
- 環境。
- 參與和活動。
- 得到家人的支持。

---

38 https://www.sv24.fi/terveys/etahoito-lisaantyy-kotihoidossa-kotikaynnitedelleen-etusijalla-6.139.90565.fda0688302

39 https://suomenseniorihoiva.fi/hoivapalvelut/maksuton-etahoito-ja-neuvonta/

40 https://www.mehilainen.fi/avoimet-tyopaikat/uratarinat/digihoitaja-jenni

41 https://www.suvantocare.fi/en/for-care-providers/

42 https://www.digihappy.fi/

2 **服務提供者知識深度。**例如物理治療師遠距引導，挑戰治療師對身體構造機轉與失能等理解。

3 **服務提供者溝通素養。**要表達清楚，包含多種語言、口齒、友善、教練法、心理支持。

4 **服務提供者能善用資訊科技。**例如對口語、肢體語言和鏡頭前表達、其他視覺輔助素材選用。客戶使用的平板是評估適合用遠距且願意者才發，維修由硬體公司負責。若老人需要跟著螢幕真人指導做動作，尤其運動，則可設定連線家中電視大螢幕。

5 **服務提供者情緒素質。**因為遠距，溝通有距離，也可能突發事件，也可能言語衝突，也可能服務提供者性格較急躁或忽略這是專業關係互動，因而被惹怒或用客戶感到羞辱、指責的言語。服務提供者也得不能太容易焦躁憂鬱，以免撐不住。但這些都要靠訓練發展準則和角色扮演以自覺、掌控、預防。

晚近還有數位醫療系統搭配，需要更多知識或更多部門配合，使遠距照顧更有效率。[45] 若善用，這對醫療服務老人能精準、人性和降低老人受折磨有幫助。

服務執行

實際服務統計數據，引用已經比較有系統的研究，以芬蘭東部為參考：服務人員年資從十五年到四十年不等，成熟溝通素養和判斷能力很重要，理解客戶處境和閱讀相關線上過去醫療資料的意義。

時間週一到週日早上七點到晚上九點，每一班五位服務者。員工同一棟樓同一層不同獨立空間，可以相互支援。

高峰服務時間早上七到十一點，下午五點到九點。因為提醒和引導用餐及用餐期間用藥（種類、劑量、程序）等，包含醫療性與功能性的遠距服務替代部分實體服務。

---

43 https://thl.fi/en/topics/ageing/assessment-of-service-needs-with-the-rai-system/information-on-the-rai-assessment-system

44 https://thl.fi/en/topics/ageing/assessment-of-service-needs-with-the-rai-system/rai-specialists-at-thl

45 https://www.cleverhealth.fi/fi/etusivu

有遠距後，客戶實際得到的可能是一週五次或更多實體服務，調整為三次實體居服（如洗澡、換尿布），加兩次遠距居服。一天通常得到早、中、晚三次視訊互動，但有擔心的客戶，可以二十四小時隨時上線詢問（建議盡量避免最高峰視訊時間）。用遠距居家服務不是只是對話，而是可以看對方的動作來觀察評估很多事情，然後引導生活。

所有當班執行遠距居服的人在上線前，可以從螢幕流覽今日工作計畫內容、順序、重點和先前曾經遠距服務的紀錄，這就像醫師在診間看病一樣可以提前瞭解一下脈絡。執行時系統除了談話、觀察以支持客戶，可以隨時在遠距辦公室視必要直接切換其他資訊系統查閱和連結。但這不是遠距看病，而是遠距生活支持服務，有搭配醫囑兼顧生活期待維持常態生活健康、及時因應臨時變化和預防風險的意義。

除基本生活照顧，同一系統還做遠距復健活動。物理治療師Satu說：「在鏡頭前可以評估客戶體能和帶領特定運動，提升客戶觸達率」。尤其偏遠地區或天寒地凍時很有幫助。

若感覺客戶怪怪的，或打算遠距服務客戶卻得不到客戶回應，聯繫就近居服、居護人員登門瞭解。這個系統不只定時溝通引導，同時設定偵測客戶身體狀況和生活狀況。

以做有無正常作息參考，再看是否需要額外主動聯繫瞭解狀況，對昏倒、摔倒或其他意外的及時救援有幫助。

但實體服務不只來換尿布，必然帶有激勵客戶的一些作為！甚至可能在一旁給建議引導老人自己行動，來執行實體服務。「喔，現在是早上八點，吃早飯。我們一起去冰箱看有什麼？今天想吃什麼？今天要穿什麼」？「您喜歡什麼書」？若有回答，則可以繼續問，「也許可以為你讀」？關於靈性照顧，若客戶說一生最重要是信仰，則服務提供者可回應，「要不要一起去教堂」？或「晚餐前一起禱告」？

還有人可能說沒有別的靈性需要，但想討論死亡。則服務提供者可聯繫教堂人員來服務。服務提供者要裝備自己，盡量少一直轉介專家，因為非常貴。要能敏感發現，到底如何可以提供適當支持。有人不斷抽菸，先注意他在家繼續抽菸是否有火災風險？然後想到，也許他不只需要菸，而是有人可以講話，得到傾聽很重要！

這樣，服務提供者能從中知道哪些詢問的回答輔以觀察，找出最容易繼續啟動復能機會，提供更多選擇。甚至根據需求再物色志工或其他人陪伴，同年代的往往最合適，這種人不需要特別用到專業護理教育背景。

團體遠距

遠距居家服務不只一對一，還有小團體活動，例如六位客戶從六個不同家戶一起午餐聚會。我吃什麼？你今天吃什麼？遠距護理師主持。也許他們當中還有本來想要碰面的朋友。護理師聽了可以加入討論提供話題提到的資源，例如文化活動，甚至有人現場線上表演。最多十人一起連線，有些本來沒胃口的人可以順利吃飯。

實體居家服務難以陪一小時以上，但遠距可能。遠距護理師負責切換螢幕與現場，成了導播，還能徵詢或預告活

★ 居服員輪班操作遠距居服，引導支持居服客戶自我健康照顧和多位客戶一起吃飯聊天。操作軟體包含社會資源、醫療健保和視訊系統三種。

動。冠狀病毒期間，有些政府付錢給失業藝術家來這種場合表演。也許有居家服務客戶因為行動不便或其他原因想去歌劇院無法去，或即使去劇院卻不方便晚上出門或在歌劇院移動上廁所，這種遠距服務可以提供一些「人不能去的我們帶到他面前」！這種小團體線上，互動很重要，不是用來讓人長時間講自己的事。

NOTE

筆者曾在一赫爾辛基安養機構中飯後在餐廳休息，意外享受到這類小型文化活動。演奏與獨唱水準很高，不亞於職業演出，演出者都是七十歲上下的。

遙控器材

有些客戶可能需要安裝用藥機器人，則遠距居家服務監控正常運轉使用，例如客戶需要一天吃三次藥，用藥時間到了，機器人提醒客戶吃藥。用藥機器人啟動，請客戶打開哪裡，機器人提供彈性時間等候用藥，也確保正確時間用藥與用量。若客戶沒反應，則遠端知道，立刻電話來問。這樣客戶不會正好想去上廁所，又擔心正好幫助用藥的居服員或護理師敲門進來。老人都很怕緊張，天天緊張還得了。

統計用藥機器人效益，將用藥正確率從五成提高到八成，而且少些浪費，例如以前一大袋裡面很多包要自己一包包用時，有些掉到地上或沒吃，或分辨困難亂掉。如果客戶真的還是不吃，則需要派實體服務了。

芬蘭在遠距居家服務的居護、營養、物理治療等逐漸成熟，且被確認是缺人、缺錢的策略後，二〇二三年進一步將家庭醫師線上問診等非長照而是一般醫療系統，也搭上線來服務居服客戶。包含：

- 預約。
- 查看即將發生的事件，例如預定的訪問。
- 為您拜訪醫師或社工等服務提供者做好準備。
- 填寫不同的問卷。
- 透過視訊連線參加遠端約會。
- 查看測試結果，例如實驗室和成像測試結果。

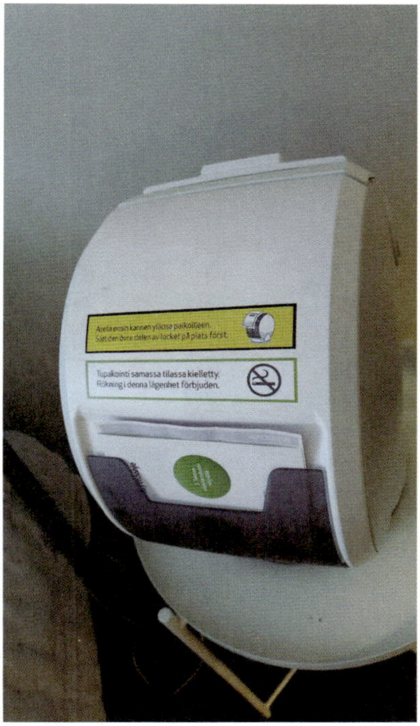
Aseta ensin kannen yläosa paikoilleen.
Sätt den övre delen av locket på plats först.
Tupakointi samassa tilassa kielletty.
Rökning i denna lägenhet förbjuden.

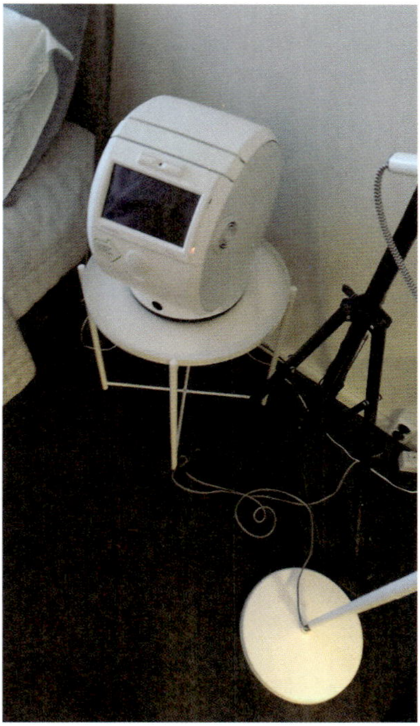

evondos
16.
Vedä rullan päätä ylöspäin.
17.
Sulje radan ylempi ovi.
18.
Vedä rullan pää alas.
19.
Sulje radan alempi ovi ja asemoi lääkepussin reuna vihreälle alueelle.
20.
Aseta lääkesäiliön kannen yläosa paikalleen sinisten nuolten mukaan.
21.
Anna kannen pudota paikalleen. Älä sulje väkisin työntämällä.
22.
Viimeistele täyttö näytön ohjeiden mukaisesti.

★ 芬蘭居家供藥機器人。

- 填寫社會照護申請。
- 查看為您發布的社會關懷決定。
- 與您的服務提供者溝通。46

這個背景是在芬蘭還在工作的人有所屬單位提供不錯的醫療保險給勞工，可是退休的人是另一回事，盡量降低就醫支出很重要。

這個系統同時支持居服員遇到挑戰可以直接聯繫相關人士，例如居服員到客戶家看到客戶好重難以移位，需要醫院型的病床。程序必須聯繫物理治療師評估看有無別的方法達到服務目的，或者真的需要申請醫院用的病床，居服員不需要再層層報告個管等人再等回應。

另外，這個遠距服務系統也保護到府服務者的職業安全與職業幸福感，免於客戶或親屬的暴力攻擊和其他可能意外風險，或需要與客戶和親屬一起線上討論服務提供者遇見可能有職安風險的照顧要求，大家要協商還有哪些替代辦法完成服務。實在有風險則開始調派保全與居服人員、居家護理師一起去執行工作，並透過系統統計，每一年據以調整居家服務規則。

包含補強服務提供者的能力，例如攻擊性客戶、失智者的溝通、家屬很不滿的質問與懷疑等，如何避免激怒的「柔道溝通法」來接招（溫和同理掌握應對）。[47]

或許客戶身體有痛，則與醫師合作，建議如何進行照顧與評估疼痛。與社工聯繫，例如吸毒、虐待、暴食、厭食等。晚近異文化服務提供者增加，怕狗也要討論如何隔離以便服務。

彰顯價值

服務提供者在一旁提醒引導客戶自己動手照顧自己生活，同時注意客戶安全。認為這樣彰顯實體面對面的價值！而且詢問與引導鼓勵客戶啟動思考，是很好的動腦練習。若無人常常問，客戶頭腦得到刺激少，然後變遲鈍。這時服務提供者判斷客戶身心惡化

46 https://www.maisa.fi/maisa/Authentication/Login?lang=en-GB
47 https://www.shortform.com/blog/what-is-verbal-judo/

囉……，情何以堪？

接下來的遠距則可能提醒先前實體教的動作。芬蘭研究顯示，即使九十歲以上，以這種教練模式，居服員、客戶都能增加肌肉。例如遠端服務提供者從線上溝通看到老人可以自己走，「現在您請拿尿布……」這樣虛擬實體來搭配，也看到為什麼遠距服務者的素養非常重要。

Suvi說：「如果仍然是客戶要什麼，服務提供者走去拿，這樣客戶都發呆不動，一、兩個月後那人就更不能動了」。這是最不專業、最差的服務。而且每次都是他人來幫忙處理，客戶自尊更差，來指導後更多次自己幫忙處理比較自在。「每件每次我們為客戶服務，都要想到復能方面的協助」。若客戶可以自己如廁、去找水喝，執行生活期待，這樣使客戶在家更有居家生活的價值。

有客戶回應：「洗澡後協助塗乳液、剪指甲，這些客戶真的有困難的也就算了，連我如廁擦拭大小便這麼私密都要人在旁邊協助，我很討厭這樣，真的很可怕。好像嬰兒，失去成人的感受。在芬蘭，人們的心情是不如死了」。

如果有些新輔具能支持客戶更多自己動作也是好的，例如免治馬桶引起客戶自己用肌肉和動作。

檢討效能——服務使用者

未實施前業者與客戶都有人疑慮，遠距服務使人疏離，不能幫助到人、溝通困難等等。實際上結果是就客戶而言，滿意有一部分來自隱私保護，因為客戶需要幫助，但不表示客戶喜歡一位陌生人來到家裡，然後四處張望，好像衛生檢查或者監視屋內有什麼。有人不喜歡這種感覺，也免於那些親訪的不舒服感覺。還有的服務提供者進來家裡還不斷拿著手機回語音留話，與其他客戶東講西講血糖等等，讓服

★ Suvi 所在的辦公室旁就是高齡住宅。垃圾桶區都把握機會給住民良好生活刺激，所以遠距居服在乎提供刺激而非只是討論藥物也就不難理解。

務提供者面前的這位客戶覺得很不自在。

某些時候用遠距視訊感覺很親近專注，得到完全專心的關心。有被聽到、看到的好感覺。遠距辦公室只有螢幕沒有手機，進行時就是專心溝通，要寫什麼都是掛斷視訊之後再寫。

此外，得到更多自由安排生活，不用不確定地等著服務提供人員上門，或許塞車、車禍、睡過頭忘記服務。「過半小時還沒來，你到底在哪裡」？對客戶不是實體之外額外的負擔。

有些行動不便的人本來要去醫院，非常麻煩，遠距居家照顧可能問護理師與物理治療師等，可以過濾問題和指導因應做法。醫事人員的薪水基於貢獻專業和同樣花了時間，所以薪水與實體一樣。

實際上有許多客戶的擔心不一定都要去醫院等很久看醫師，更別說行動不便於移動過程對身體、時間、交通費用與風險等相關耗損。

就家屬而言，得到更清楚的客戶動態資料和服務提供單位到底做什麼，在非刻意找碴情況下，降低家屬擔心和對服務提供者的疑慮，減少溝通衝突。

檢討效能——服務提供者

就服務者而言，本來一天要跑許多地方，花掉交通時間、汽油與風險。冬天不但行動有風險，也可能更容易生病。遠距使服務提供人員集中精神、掌握資料，把握時間準時溝通，不會像逐家實體行動有時候急著看手錶或講話越講越快，雙方都緊張。

Suvi 等人服務看出，當居服與護理人員的匆忙和壓力減少時，會直接影響照護人員的健康和病假數量。因此，工作中的幸福感得到了顯著改善。隨著護理指導變得更加有效和品質提高，可以提供及時的護理，同時支持民眾保有寶貴的晚年。當護理圈內的人掌握有關老年人情況的準確資訊時，安全性也會提高，親屬的擔憂也會減輕。

以前照管專員半年複評，現在隨時可以得到情報來調整。因為制式半年複評要一一問客戶，問清楚或再找資源都要時間，老人得等。遠距實施後，一方面有更真實及時的問題呈現，很聚焦，不是海底撈針，要調整也比較快。

建置遠距居家照顧要更多硬體，是否設備貴？Suvi 和丹麥居家輔具研發者的看法一樣，就是要去想，消耗比服務者親自去的金錢和非金錢成本便宜，就要推廣，包含對家屬推廣。經統計，遠距居家照顧已經顯著節約了護理人力。不需要派許多服務提供者一再去客戶家，也表示客戶減少為長照的付費負擔。而且用遠距能夠造訪的對象、次數遠遠超過逐家行動、按鈴實體家訪。對降低健康不平等、保障老人發言權、讓服務提供者更感到貢獻都有很多幫助。

註一：為了外界更瞭解芬蘭遠距居家照顧發展背景，以便其他單位能更整體考慮。

Suvi 補充資訊如下，且強調這是居家照顧服務與遠距運用科技的倫理！

1 **服務提供者管理**。居家照顧有督導，督導職責不是監視教訓，而是創造樂在工作且專業服務的氛圍。居督外，有服務提供者自我檢視系統，每年數次自主管理。有十三主題，弄錯藥等異常事件要設法降低，這是最有效的在職教育方式。

每天有日誌，自己寫發生什麼錯誤。督導每月總體看一次與員工討論。這是引進豐田汽車的管理方式，及早預防危機，減少服務提供者病假，服務必須建立不斷學習的文化，有安全感，找出別的更好的方法，創造知識！

鼓勵人人自己發現自己的問題，也許很多因素而不要歸咎一人失誤。與同事和主管一起克服，原理是有些錯誤別人不一定知道或看得到。外人監督有盲點，甚至找學者專家來訪視，問些外行或不重要的問題浪費時間。而且任何別人的建議指導，容易不進入狀況或引起當事人防衛反彈，影響改進動機和效能。自己發現問題，大家一起解決，最有安全感和最不孤單，當然不是誤用為串通集體作弊。

此外，還有各區交互評估，這與比利時、奧地利長照管理一樣，很少找三位學府博士來翻文件問問題的方式。晚近芬蘭另有私有居服機構提供服務，公部門主管居服除了自身原有服務要監督，還增加對私有居服監督機制。

2

居服觀念改變。十年前，有些客戶與家屬認為花錢繳稅得到服務，應該等著服務上門做事。現在認為這是非常不專業且不利健康的，因為等著看別人服務的結果是失能更快、更倒楣。

現在居服概念是「為激勵啟動老人，避免需要更多服務的服務」！引導老人自己做家事與基本生活動作，客戶要得到幫助繼續自己服務自己。坐著、等著，很快失能、傷口不好、生活品質惡化！

對應觀念，照管專員初評後，執行服務者要訓練出以教練模式溝通，學習瞭解確認、問老人自己的意見、老人的期望（例如去看朋友重要），然後對應而提出照顧計畫與服務方式。服務提供者要能創造機會，使老人繼續自己做事，有更多愉快元素，而不是邊做邊罵服務提供者，哀怨自己淪為「老奴」。

3. **服務創新。**除一對一，還有小團體活動，服務提供者遠距引導的社交接觸，也對家屬、鄰居和客戶可能的社交者連線。服務提供者角色有點像節目主持人了，能專業、親切、幽默更好。

4. **諮詢管道。**芬蘭各地老人活動中心有用餐、活動、一人五次的悲傷憂愁諮詢輔導等。還有一特色是老人服務專線，家屬與老人都可直接打來，提供走向健康的資源機會，因為很多人不知道服務資源。還有，例如寡婦先前和先生一起活動，忽然喪偶什麼都不知道，可以詢問。

5. **預防家訪。**北歐行之有年，為健康平等、及早預防問題、創造福祉支持老人生活品質。七十五歲以上國民有社工或其他人進行家訪，注重客戶家庭支持、基本生活能獨立自主否，非身體疾病總體生活狀態，包含財務困難給建議，包含社交處方資源配置與建議介紹。若關於醫療的需要與失能等級評估，會聯繫衛生所護理師，之後擬定長照服務，例如租用居家給餐機、外出陪伴。

6 **在家老化爲大勢所趨。**遠距居家照顧的未來意涵不只已經投入的而已，可視為支持在家老化生活品質升級可擴充的平臺。但什麼是下一步或優先，仍要經過謀合，增設遠距綠色照顧，甚至成為高齡有生產力老化，發展都不可限量。

註二：至本文完稿為止，遠距居家照顧整理出的客戶服務評估實施程序如下：

1. 老人與家屬確認的生活挑戰（接觸客戶）。
2. 接洽客服引導中心（服務提供端）。
3. 評估需求（接觸客戶）。
4. 照顧、復健或服務計畫（服務提供端）。
5. 確認提供正確的服務（接觸客戶）。
6. 評估客戶的功能處境和照顧品質（服務提供端）。
7. 任何需要調整計畫的地方（接觸客戶）。

MEMO